会社の目標を絶対に達成する
「仕組み」の作り方

石田 淳

本書は、

「会社の目標」の作り方の本

ではありません。

立てた「会社の目標」を、
実行させる
ための本です。

「立てた目標が3か月後にポシャってる」
……これが現状であり、
経営者やリーダーの悩みです。

内容が無謀だった
のではないか、

2年で3倍にするなんてできない目標だったのか、
無理な軌道を作ってしまったのではないか、

実は、内容ではないのです。
立てた目標を、定着させ、続けさせるという

やり方を知らなかった
のではありませんか？

本書では、
実行させるための
仕組み
を教えます。

はじめに

「毎年、会社の目標や経営計画を立てても、いつの間にか忘れられて、目標達成することができない」

「社員が一丸となって目標に向かって突き進むことができない」

たくさんの経営者の方が、そのような悩みを抱えています。

経営者やリーダーは、つらい役目です。

常に会社の利益について考える……それはすなわち、社員一人ひとりの生活、人生を考えることでもあります。

目標を立て、達成し、利益を上げることは、社員の、ひいては社員の家族の生活を支えることにつながります。

経営者の責任は重大。だから経営者は、一生懸命知恵を絞り、会社の未来を安泰にすることを考えます。

しかし、現実は厳しいものです。

経営者の願いとは裏腹に、社員は成果に結びつく働きをなかなかしてくれません。

もちろん、彼ら彼女らが不真面目で、仕事を怠けているというわけではありません。

会社が期待するような働きをしてくれない、思うような動きをしてくれない……つまり、社員をうまくマネジメントすることができず、会社の思い＝経営者の願いが空回りしているのです。

経営計画を遂行してくれない、目標に向かって邁進してくれない……。

社員の幸せを考えつつも、当の社員が動いてくれないのです。

近い将来のことを考えれば、経営者の悩みは尽きません。

「人口減少時代」の本格化です。

会社の成果を挙げるための「人材」が、いないのです。

思いが通じず、会社を辞めていく社員もいるでしょう。

そんな際に、「じゃあ、他に誰かを採用しよう」と考えても、簡単に人は採用できなくなるのです。

ましてや「優秀な人材」など、そうそう見つかるものではありません。

さらに、人口減少によって、マーケットの規模は縮小しますから、今までどおりのビジネスは通用しなくなるでしょう。経営者は新たなビジネスモデルを構築しなければならないのです。

このときに必要となるのもまた「人材」です。会社の新たな計画を理解し、成果を挙げるために行動してくれる人材……しかもそれは新たに採用することはできません。

「今いる人材」を、目標に向かって動く人材に変えていくしかないのです。

今いる社員を、経営者の思いを理解し、目標達成に向かって行動する社員に変えるために必要なことは、何でしょうか?

経営者が社員一人ひとりと腹を割って話し、思いを理解してもらうことでしょうか？

働くモチベーションを高めるために、給料の額をアップさせることでしょうか？

あるいは何がなんでも成果を挙げるようにと、常に檄《げき》を飛ばすことでしょうか？

どれも違います。

必要なのは「仕組み」。

今いる社員全員が会社の理念や計画を理解し、成果に結びつく行動を繰り返し、その結果として会社に利益をもたらすための仕組みを構築することが必要なのです。

すでに訪れていると言ってもいい人口減少時代を視野に入れれば、今すぐに手をつけなければならない作業なのです。

この本では、その「社員が動く仕組み」についてお話しします。

それは精神論ではなく、「行動科学マネジメント」という、再現性のある＝いつ、誰がやっても効果がある、極めて科学的なマネジメント手法に基づいたものです。

この仕組みが回り出すことで、経営者の思いは社内に定着し、社員が変わり、会社の目標は達成できます。

会社は安定した利益を得ることができ、人口減少時代を生き残ることができるでしょう。

そしてその結果として、経営者が望む「社員の幸せ」も確保できるのです。

石田　淳

Contents

会社の目標を絶対に達成する「仕組み」の作り方

Chapter 2 「今いる社員」を「目標達成できる人材」に変える

Chapter 3

目標達成のための習慣作り

Chapter 4

社員が「動き出す」仕組みを作ろう

Chapter 5

理念と計画を落とし込む

本文デザイン/ムーブ（新田由起子）
本文図版/ムーブ
編集協力/中西謡

Chapter 1

あなたの会社は生き残っていられるか？

Chapter 01

「人材不足」の危機感は、持ちすぎるほど持ってもいい

⇩ 人口減少時代、あなたはどうする?

「これから先の日本は、人口が急減する社会に入っていく」

いわゆる「人口減少時代」の到来です。

もうすでに始まっている、といってもいいでしょう。

マーケットは縮小し、各企業は現在の売上を拡大していくことはおろか、維持していくことも困難になるでしょう。

左の国土交通省国土計画局による資料をご覧ください。

日本は人口が急減する

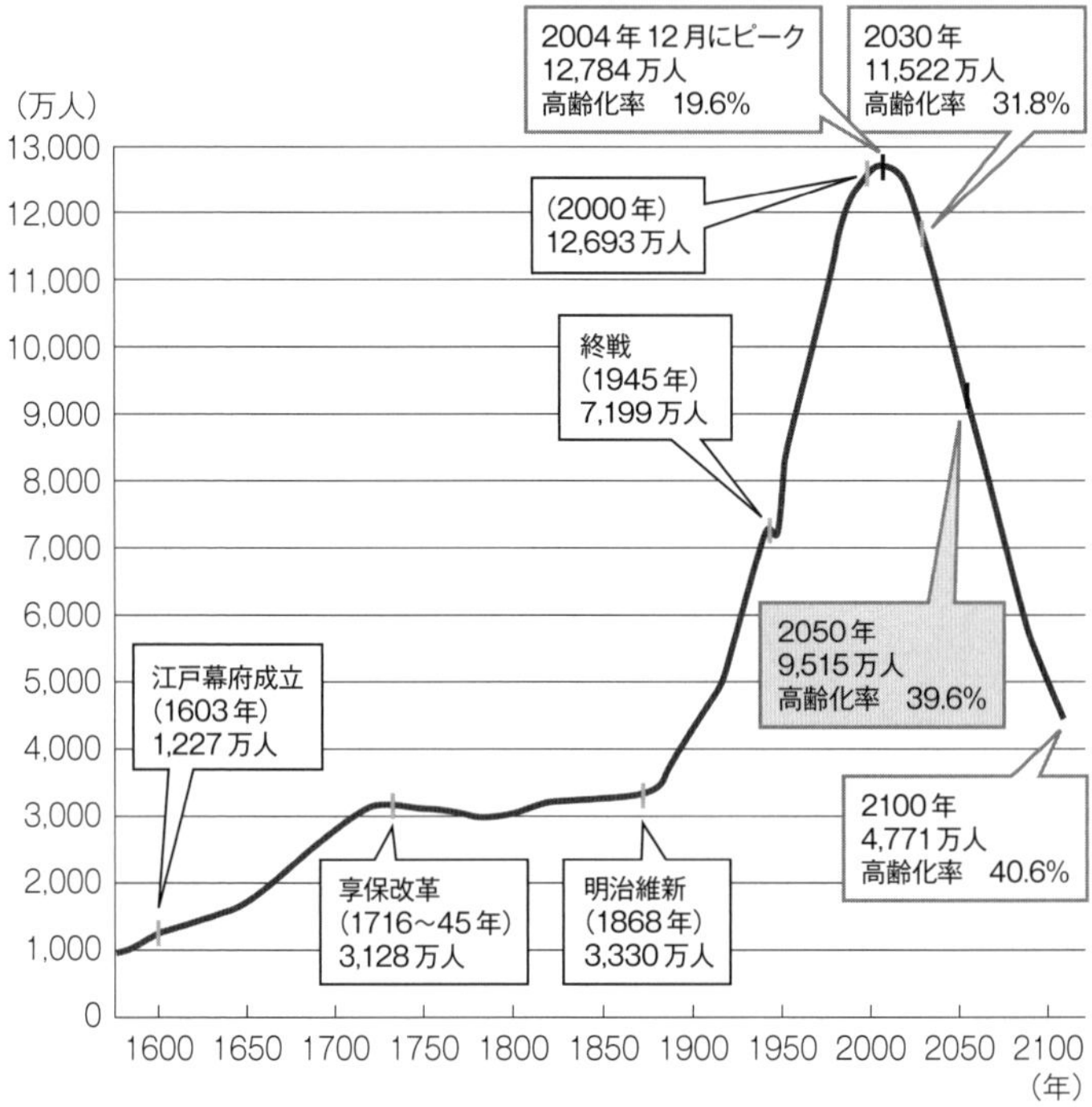

2004年をピークに、今後100年間で明治時代後半の水準に戻る予測。1000年単位でみても類をみない極めて急激な減少であることがわかる。

出典：国土交通省国土計画局『「国土の長期展望」中間とりまとめ　概要』平成23年2月

２０５０年には、日本の人口は約３３００万人減少し、９５１５万人（高齢化率は39・６％）になると予測されています。

そして２０１５年現在は……減少の真っただ中です。


「人口が減る」

「マーケットが縮小する」

「高齢者が増えて、若者が減る」

……当然のことながら、日本における「企業のあり方」も、大きく変わってしまうことでしょう。

とくに日本国内だけでビジネスを行っている企業は、この事実を深く受け止め、今後の中・長期の経営計画に反映させていかなければなりません。


これに加えて進んでいくのが、「グローバル化」です。

あなたの会社が外資系企業に買収されるかもしれない……。

あなたの会社が海外に進出していかざるを得なくなる……。

明日はどうなるかわかりません。

望むと望まざるとにかかわらず、誰もがグローバル化の波に飲み込まれるでしょう。

今、経営のトップにいる人々が活躍した時代とは、明らかに違うビジネス環境が生まれるのです。

これまでの経験則やビジネス上の常識は通用しないかもしれません。

つまり、これまでの延長線上では計画が立てられない、何かしらかの「新たな施策」を講じることが求められるのです。

あなたの会社はなくなるかもしれない？

人口減少、グローバル化……いずれの変化においても、会社が生き残るために、絶対に欠かせない要素があります。

それは「人材」、つまり社員です。

・モノ、サービスを作るのも「人」

・モノ、サービスを売るのも「人」
・それらの営みをコントロールするのも「人」

人がいなければ、会社組織は成立しません。

生き残りをかけ、ビジネス環境の変化に対応しようにも、人材が充実していなければ何もできません。

新規出店、新規事業への進出、海外への進出、インターネットを中心としたビジネス展開へのシフト……どれもそこには必ず、会社に成果をもたらしてくれる「人材」が必要となるのです。


そしてこの人材を獲得、確保することもまた、極めて困難になるでしょう。

２０１５年、外食チェーン店、介護業界、運送業界……あらゆる業界で人手不足の問題が急激に表面化してきています。

「今までは、募集をかければ簡単に人が集まりました。ところが今は、誰も応募してこないんですよ」

私の会社にも、そんな経営者からの相談が多く寄せられます。

人口減少時代はすでに始まっていて、とくに若い世代は、圧倒的に「人不足」なのです。

「もし何か新しいことを始めようと思ったら、新しい人を採用すればいい」

「もし誰か社員が辞めてしまったら、別の人を採用すればいい」

というイージーな発想は、もう通用しません。

さらに人口が減少する5年後、10年後、20年後……「人材がいない」という問題はよりシビアなものとなるでしょう。

だからこそ、「今、すぐに」、人材問題の解決策を考えるべきです。

経営者にとっては、人材不足の危機感は、どれだけ持っても足りないくらいだと私は考えています。

Chapter 01
会社が「成長」しなければ、人材は流出する

すぐに「辞めてしまう」社員が続出？

人口が減少し、若い世代がいなくなる社会においては、「社員の囲い込み」に力を入れる企業が多くなるでしょう。

「せっかく採用した社員を、できる限り辞めさせないようにする」ための施策が必要になる、ということです。

このような状況は、中小企業には大きな打撃となります。

仕事のできない若手社員がいる……。

「何でできないんだ！　もっとしっかりやってくれ！」

と叱責する……。

しかし、それが相手に響くとは限りません。

「僕はこの会社には向いていないようですね。辞めさせてもらいます」

あっさりと決断し、転職してしまうかもしれません。

若い彼ら彼女らには、選択肢はいくらでもあるのです。

社員の囲い込みのため、大手企業は次々と雇用形態の見直しを考えるでしょう。

現在でも、大手メーカーが、アルバイト・パートに対して正社員へのステップアップの道を用意したり、正社員同様の福利厚生（保険制度など）を付ける動きが目立ってきています。

「いちいち怒られてばかりいるのならば、もっと大きくて福利厚生が充実した会社に転職する」

そう考える若い世代を引き留めるだけの魅力を、これからの中小企業は常に持っていなければならないのです。

これは、「なるべく怒らないようにすればいい」ということではありません。

会社の目的は当然「営利の追求」、つまり成果を挙げることにあります。

その成果に結びつかない「できない社員」に対して、何の指導、教育もせずに単にそのままにするということは、お金と時間、マネジメントの無駄でしかありません。

それこそ「会社を潰す」ことになりかねないでしょう。

⇩優秀な人材が辞めていくということは……

私は前述の「社員の囲い込み」という言葉を、じつはあまり使いたくはありません。

「要するに、社員を辞めさせないように、大事に扱えばいいんでしょ？」と、単純に考えてほしくないからです。

たしかにこれからの時代は、これまでよりも簡単に若い社員が辞めてしまうということを覚悟しなければなりません。

いざ人を採用しようとしてもそう簡単にはいかない、ということも事実でしょう。

しかし、会社に残った社員が「仕事をしない社員」では、元も子もありません。

彼らに対しての何らかの「成果を出させるための」施策を講じなければ、辞めさせない意味もないのです。

会社は、成長が止まっていくと、つまり「現状維持」が続いていくと、優秀な人材から辞めていくものです。

給料が上がる見込みがない。

会社が大きくなる、という楽しみがない。

明るい未来が見えてこない……。

「ならば、別の会社に行こう」となります。

業績が下がってもダメ、そのままでもダメなのです。

経営者は会社を成長させることを怠ってはなりません。

「成長しているのか？　否か？」を、若い社員は敏感に感じ取ります。

そして、常に新しいことにチャレンジしていく会社にこそ社員は魅力を感じ、定着するのです。

Chapter 01

目標達成を実現させる人材の「開発」は、経営者の急務

教育・育成よりも大事なのは「開発」？

人口減少時代を背景として、これからの会社はより「人材」の問題に気を配らなければ、経営計画の実行、目標の達成は困難でしょう。

そこで「社員教育」の見直しとなります。私は、これからの会社は教育、育成よりも、人材の「開発」に真剣に取り組むべきだと考えます。

人材教育、人材育成は、文字通り「人を教育し育てる」ことですが、人材開発は、

それを「戦略的に」行うことです。

日本の会社の多くは、商品開発や技術開発に関しては力を入れていても、人材に関しては「開発する」という考え方が抜け落ちていました。

最近でこそ、「人材開発室」といった部署を設ける会社が見られるようになりましたが、それは単に「人事部の一部の仕事」、あるいは「福利厚生の延長」くらいに捉えられていることが多いようです。

社員教育としてビジネススキルの研修を実施するなどの取り組みを行うのですが、前述のように、それは会社の業績アップ、目標達成には結びつかずに終わっているのが現状です。

本来、人事部の仕事と人材開発の仕事は、まったく別のものです。欧米やアジア諸国、ブラジルなどの新興国のグローバル企業では、人材開発を非常に重視し、商品開発、技術開発同様に熱心に取り組みます。

「会社の経営目標を達成するには、どのような人材がどのくらい必要なのか」
「どんな資質を持った人をマネジャーとして抜擢するか」

「社内の職種別の割合は？　その年齢構成比は？」

そういったことを考え、それぞれのキャリアパスを見据えた上で、教育、育成のプランを練っていくのが、人材開発部門の仕事です。

つまり、会社としての「仕組み」をプランニングするのです。

⇩会社の生き残りが左右される

会社に人材開発に関する専門部署がない場合には（たいていの会社がそうだと思いますが）、これは経営者・幹部の、つまりトップの仕事といえます。

「マネジメントに関することは、マネジャーの仕事だろう。マネジャーがいろいろ考えればいいことだ」

そう考えるトップもいるでしょう。

もちろん、実際に現場の社員と接し、彼ら彼女らを結果に導いていくのは、マネジャーの役目です。そこに、会社としての明確な方向性……つまり「人材開発に力を入れる」という決めごとがなければ、マネジャー自身が何をしていいかがわからないままなのです。

今後の日本は、２０２０年に控える東京オリンピックまでに、一時的に景気は良くなるでしょうが、それ以降はかなり厳しくなるはずです。

来るべき大不況までに、計画的に、一定期間内に、会社の戦略にあった人材を育てていかなければ、いつのまにか戦力となる人材はいなくなり、マネジャーとなる人材もいなくなります。

その結果、経営が立ち行かなくなる会社も出てくるでしょう。

基本的なビジネススキルの教育や観念的な教育のみならず「人に関する戦略的な仕組み作り」の必要性を自覚しなければなりません。

Chapter 01

あなたの会社は「社員教育」を勘違いしていないか？

「内面」を変えようとしても無駄

「社員教育が上手くいかないんです。どうすれば社員をちゃんと教育できて、やる気を出して仕事に取り組むようにして、会社の業績を上げることができるのでしょうか？」

……私の会社への相談で一番多いのは、そういった相談です。

このときに相手のお話を聞いていると、何よりも「社員教育」というものに関して、多くのリーダーたちが誤解を抱いている、ということがよくわかります。

まず「ちゃんと教育する」「やる気を出して仕事に取り組むように」などの言葉自体が具体性に欠けているので、結局「社員に、どうしてほしいか？」が、明確ではないのです（具体性の重要さについては、後ほど詳しくお話しさせていただきます）。

社員教育として多くの人が思い起こすものに、「ビジネスマナー教育」があります。「名刺の出し方」「言葉遣い」「ビジネス文書の書き方」など、ビジネスパーソンとしてのマナーを基本から教える、というものです。

また、ビジネス書、自己啓発書などの「課題図書」を社員に読ませ、感想を募るという「教育」をしている会社もあります。

「本を読ませることで、社員に〝気づき〟を与え、内面からやる気を引き出していきたい……」

それがリーダーの狙いでした。

しかし、こういった教育は、会社の目標達成の役にはほとんど立ちません。

ズバリ、教育の内容が、会社の売上＝業績に直結していないからです。

ビジネスマナーは、もちろん社会人として重要なことです。自分の会社の社員が、基本的なマナーも知らないような人間なんて、経営者としては恥ずかしいことでしょう。

何よりも企業に必要な人材とは、「会社の目標を達成する」社員です。

これは会社の直接部門、間接部門を含めてすべてです。

会社の利益を上げるために、自分自身が何をすべきか？

顧客の数を増やすには、自分がどう動けばいいか？

そのための具体的な行動を教えることこそが必要なのです。

これを後回しにして、「基本さえ教えておいて、あとはＯＪＴで何とか頑張ってもらおう」などと考えてしまうのです。

成長経済のもとでは、また人口が多く人材も豊富な「余裕のある時代」では、このような社員教育でもよかったのかもしれません。

今は停滞経済であり、人口減少の時代です。

「マナーやモチベーションアップの人間教育をして、ＯＪＴをして、それで仕事ができないというなら、もうあきらめる」

そんな余裕は、もうありません。

会社の売上、業績アップという「結果」に直結した「やり方」を社員に与えていくことが、これからの時代の社員教育です。

「ウチは観念的な教育ではなく、外部から講師を招いたり、社外セミナーに参加させたりして、社員には常に実践的なスキルを勉強させている」

という経営者もいます。

これも悪いこととは言い切れませんが、本当にその効果はあるでしょうか？

せっかく学んだスキルも、それを仕事の場で「継続させていく」ことができなければ、単に講師料、セミナー代の無駄遣いです。残念ながら、こういったスキルのセミナーでは、「続け方」までは教えてくれません。

経営計画を実行し、目標達成を実現させるには、会社の「社員教育」がどう機能しているか、再確認してみましょう。

Chapter 01 経営者の思いは浸透しているか？

大企業に負けないために

ここまでにお話ししてきた「人口減少時代の危機」に関しては、大企業のトップ、人事担当部署の人たちは、すでに準備を始めています。

「人が採用できない時代に、どう社員をマネジメントするか」ということを考え始めているのです。

中小企業も、負けてはいられません。

大企業にはない、中小企業ならではの強みを活かしたマネジメントを確立していかなければ、会社として成果を挙げること……経営計画に沿った目標達成は、とても期待できないでしょう。

「優秀な人材」「成果を挙げてくれる人材」は、もう簡単には採用できないのですから……。

このような問題を気に病む中小企業の経営者も、大勢います。

来るべき時代への危機感を持ち、私に相談に来たり、セミナーに参加してくれる社長さんたちは後を絶ちません。

彼らの多くは、立派な企業理念を持ち、綿密な経営計画を立案した経験もあり、「計画を実行するのは、現場で働いてくれている社員である」との考えから、マネジメントの重要性もよくわかっています。

また、会社のさらなる成長を目指し、チャレンジ精神を忘れない人たちです。

何より、「自社の社員を大切にしたい」と常に考えています。

「そんなナイスな経営者の下なら、社員が辞めることも少ないだろう」

と考える方もいらっしゃるでしょうが、事はそんなに単純ではありません。

実際に彼ら経営者の中には、すでに離職率の高さに悩む人、会社の業績不振に悩む人、社員とのコミュニケーションギャップに悩む人もたくさんいるのです。

企業風土とは「直属の上司」のこと？

私は、これからの時代の中小企業が大企業に人材を持って行かれないために必要なものは、「企業風土」だと考えています。

どんな理念の会社なのか？　どんな価値観を重視する会社なのか……それは会社によってさまざまでしょうし、「これが正解」というものはないでしょう。しかし、そういった「風土」が会社の特長となり、大企業にない強みとなるわけです。

この強みを見いだせない会社は、さまざまな福利厚生が充実し、安定感のある（これからの時代は一概にそうとも言えないのですが）大手企業に対抗する武器がないのと同様です。

その文化の元を作り出すのは、経営者です。

しかし、いかに経営者が立派な理念を持っていても、会社の目標や経営計画の出来が良くても、あるいは経営者が素晴らしい人柄であろうとも、その経営者の思いが会社に浸透し、定着していなければ、経営者が作り出した企業風土を現場の社員が〝風土として〟認知することはないでしょう。

なぜならば、現場の社員にとっての企業風土とは、「直属の上司」だからです。

直属の上司がどのような考えのもとに自分を指導しているのか？

直属の上司が会社をどう捉えているのか？

直属の上司がどんな言葉を使っているのか？

それが現場の社員から見える「企業風土」です。経営者の頭の中にまでは、思いをはせることはないのです。

ですから、会社のトップは、理念や計画を滝のようにトップダウンとして現場に流していく「仕組み」を考えなければならないのです。

理念、計画を全社に浸透、定着させることができなければ、極端にいえば、現場は中間層であるマネジャーの〝アドリブ〟次第、ということになってしまいます。

Chapter 01

「誰がやっても同じ仕組み」でなければ意味がない

求められる再現性

時代の流れ、価値観の多様化にともない、これからの会社では、アルバイト、パート、契約社員など、さまざまな雇用形態が設定されることでしょう。

人を採用することに余裕がなくなれば、正社員を志望する人を探し続けているだけではいられなくなります。

これまでとは違い、今後は女性にも活躍の場を積極的に与え、男女の隔てなく会社の戦力となってもらうことも重要です。

さらに、グローバル化にともない、外国人の働き手も必要になるケースもあります。さまざまな雇用形態、さまざまな属性のスタッフがいて、彼ら彼女らが仕事をすることによって、会社の計画は推進し、目標達成が叶います。

パーソナリティの異なる彼ら彼女ら一人ひとりに、またそれ以前に彼ら彼女らを指導する現場マネジャーに会社の理念や経営計画を理解してもらうために、つまりトップダウンとして〝滝のように〟理念や経営計画を流し、浸透させていくためには、それなりの「仕組み」が必要です。

この仕組み作りに重要なことは、「再現性」です。

「いつやっても」「誰がやっても」「どこでやっても」、同じように高い成果を出すことができるのが、再現性です。

たとえばA社員には有効だけれど、B社員には効かない……という仕組みでは意味がありません。また、CマネジャーとDマネジャーで教える内容が違っても、経営者の思いは会社に定着することはないでしょう。

↓ 何のための定着か？

では、理念や経営計画を全社員に定着させることの目的は何でしょう？

それは「社員に、会社の成果を挙げるための行動を取ってもらうこと」です。

理念を理解し、経営計画を頭で理解するだけでは、会社の成果に影響を及ぼすことは少ないでしょう。

あくまでも「社員の一人ひとりが会社の理念や経営計画に従った行動を取り、目標を達成すること」に意味があるのです。

このことにより、会社は更なるチャレンジが可能となり、成長を続けることができます。

社員は成果を挙げるための行動を繰り返し、安易に会社から離れようとしないでしょう。今いる社員一人ひとりの行動を変えることによって、会社全体の行動が変わっていくのです。

この仕組みを持つ会社は、人口減少時代に新たに優秀な人材を探すという難題を回避することができるでしょう。

しかも再現性があるため、効果は永続的なものです。

この仕組み作りが、次章からお話しする「行動科学に基づいた人材開発の仕組み作り」なのです。

ここで、仕組み作りの背景となる「行動科学マネジメント」についてご紹介しておきましょう。

行動科学マネジメントは、行動分析学という、人間の行動を科学的に研究する学問がベースとなっています。

行動分析学が着目するのは、その名のとおり人間の「行動」そのものです。

「どのような働きかけがあった場合に、人の行動は変わるのか」

「その行動は、どのように変わるのか」

「どれだけ変わるのか」

……といったことを観察し、実験や調査の結果から得た原理原則を日常に活用しようとする「応用行動分析」を、ビジネススキルとして応用したものが、行動科学マネジメントです。

行動科学マネジメントは、マネジメント先進国のアメリカでは、ごく一般的なマネジメント手法です。

大企業をはじめ、官公庁や各種団体、機関といった多くの組織がこの手法を導入しており、その数は官民合わせて６００社以上に及びます。

日本でも数々の企業が導入しているほか、教育機関での実践もさかんです。

「科学」がベースとなっているため、当然再現性も備えています。

また、人間の行動そのものに着目したスキルであるため、マネジメントの対象はビジネスに限らず、セルフマネジメント（習慣術や勉強法）、子どもの教育など、全方位型といえます。

ビジネススキルとしての行動科学マネジメントの特長を一言でいえば、「環境をコントロールすることによって、社員が自発的に望ましい結果（＝成果）に結びつく行動を繰り返すようになる」ということです。

つまり、マネジャーを含めた全社員（アルバイト、パートを含む）が、会社が考えた経営計画どおりに動き、目標を達成するというものです。

繰り返しになりますが、会社の理念を社員に定着させることはもちろん重要ですが、社員が「行動」を繰り返さなければ、会社が変わることはありません。

一握りの優秀な「できる社員」が売上を上げていればいい……という時代は終わりました。

「優秀なヤツがいない」

「人材が足りない」

と嘆くよりも、今の会社に仕組みを作ることによって、今いる社員を「優秀な社員」に変えてしまうことが得策なのです。

Chapter 2

「今いる社員」を「目標達成できる人材」に変える

Chapter 02

「今いる人材」を「できる人材」に

⇩人を辞めさせることは、簡単ではない

「なかなか営業成績が上がらない」

「仕事の進行が遅く、ミスが多い」

「指示を出さなければ自分から動こうとしない」

「コミュニケーション能力がなく、顧客の対応が下手」

いわゆる「できない社員」の存在に手を焼く経営者は大勢いるでしょう。

とはいえ、「できないなら、辞めさせてしまえ！」というわけにはいきません。

人材不足の今、簡単に人を辞めさせてしまうことは、あまり得策とはいえないでしょう。

「じゃあ、代わりに〝できる人〟を採用できるのか?」

「そんな(優秀な)人、どこにいるの?」

ということです。

人口減少時代を迎える今後、人の採用はさらにシビアな問題となってくることでしょう。

そもそも誰もが、経営者として、人間として、簡単に人を〝辞めさせたい〟などとは、考えたくないはずです。

期待して採用した社員、人間性は悪くない社員……言い方は変かもしれませんが、自分の会社の社員は、かわいいものです。もちろんそこには相手に対する〝情〟もあるはずです。

また、「採用したのはこっち(会社側)」という、責任感もあるでしょう。

「今いる社員に、もっとできるようになってほしい」

これが多くの経営者の本音です。

「できない社員の底上げ」……これを実現できた会社こそが、低迷する経済状況のなかで今後生き残る会社であると思います。

⇩「できる社員」なんて、いない

底上げすべき「できない社員」は、何も特別な存在ではありません。

もちろん、コンプライアンスを無視し、会社や顧客に害をなす「問題社員」ともなれば、底上げに手をかけるまでもなく、今すぐにでも辞めてもらうべきなのですが、多くの人材はそこまでのものではないはずです。

ここでいう「できない社員」とは、要するに『できる社員』と呼ばれる人たち以外の人たち」のこと。

組織論では、「2割・8割の法則」あるいは「2・6・2の法則」ということがよく言われています。「できる社員」（ハイパフォーマー）といわれる人は、社員全体のうち2割。残りの8割は「その他のできない人」というものです。

「2・6・2の法則」に当てはめると、残り8割のうちの6割がミドルパフォーマーで、2割はローパフォーマーとされています。

つまり言い方を換えれば「できる社員」は、元々多くいるものではなく、たいていは「できない社員」であるということ……これが現実です。

しかし、その大勢のできない社員を底上げ＝できる社員に変えることができるとしたら、どう思われますか？

人を辞めさせることなく、新たに人を採用することなく、今いる人材が「できる人材」になる……。

今いる人材がみな、企業理念、経営計画の実現を果たすべく真っ直ぐに突き進んでいく……。

それがこれからの企業経営の目指すべき姿でしょう。

Chapter 02

「できない理由」は、たった2つしかない

「やり方」か？「継続の仕方」か？

「そもそも、できないヤツは何をやってもできないものだ」

そうやって、社員を変えることに匙《さじ》を投げてしまうリーダーもいるのではないでしょうか。

そして、「誰かいい人材はいないのか！」とばかりに、中途採用に躍起になってしまうのです。

「どんな人を採用するか」ということは、もちろん重要な問題です。しかし、リクル

ートには当然費用が必要ですし、前述のように、誰もが認める「いい人材」など、そう簡単に見つかるものではありません。

採用に力を入れるということこそ、お金と時間を要するものなのです。

そこで、今いる仕事ができない社員を、仕事ができる社員に変えることが求められるわけです。

経営者であるあなたは、仕事ができない社員が「なぜ、できないのか？」という理由を考えたことはあるでしょうか？

「〝根気がない〟から、仕事を覚えられないんだ」

「〝モチベーションが低い〟から、仕事への取り組み方がいい加減なんだ」

「〝ゆとり世代〟だから、常識がないんだ」

……このように、相手（社員）の精神面などの「曖昧なもの」に目を向けてしまう経営者が多くいます。

しかし、行動科学の世界では、人が仕事をできる・できないの原因は、そんな曖昧なものではありません。

極端にいえば、ただ、あることを知っているか、知らないか、の違いなのです。

行動科学でいう「人が〝できない〟理由」は、たった2つだけです。

❶「やり方」を知らないから

❷「やり方」は知っているが、「継続の仕方」を知らないから

逆にいえば、この2つを両方クリアしていれば、人は「できるようになる」ということなのです。

⇩「やり方」を教えるためには

❶の「やり方」とは、知識と理論のことです。

何を、どういった手順で、どこをポイントとして行えばいいのかという、スキルに該当する部分です。

「どうやってやればいいのか」がわからなければ、仕事ができるわけはありません。

「そんなもの、見て覚えろ！」

という意見もあるかも知れませんが、これは非・行動科学的な姿勢といえるでしょう。相手の「学び取る力」「観察力」など、それこそ内面に期待してしまうものだからです。

職人の「師弟関係」のように、じっくりと時間をかけて相手と向かい合うことができれば、この方法もあり得るのかも知れませんが、今は時代が違います。

アルバイトやパート、あるいは外国人など、さまざまな属性の人材を相手に「やり方」を教えるには、「見て覚えろ」ではらちがあかないでしょう。

そこには、やり方を教えるための効率的な「仕組み」が必要となるのです。

⇩「継続」できなければ、意味がない

やり方を知っていたとしても、❷の「継続の仕方」を知らないという状態では、できない人はできないままです。

じつは、できない人ができない理由の多くは、ここにあります。

つまり、❶のやり方（知識や理論）が〃身に付かない〃わけです。「業務日報を毎日提出する」……このような業務上の習慣が続かない「できない人」が多くいます。

「やり方」の部分にあたる「業務日報の書式」「何を書けばいいのか、そのポイントは？」「いつ、誰に提出すればいいか？」は、わかっているはず……なのに、開始一週間後には、もう提出が滞ってしまう……。

これでは意味がありません。

経営計画がなかなか実現できない、社員が一丸となって動いていかないのも、ここに大きな原因があります。最初はよくても〃誰もやらなくなってしまう（続かない）〃のです。

これまでにいくつかの著書でお話ししてきましたが、「人ができない理由」は、セルフマネジメントにおいてもまったく同じことがいえます。

たとえば「英会話の学習」……。

「どんな教材を使えばいいのか？」「どう使えばいいのか？」「どのくらいの量をこなせばいいのか？」……などの「やり方」（勉強法）をわかっていても、それを持続させ、習慣化させることができなければ、成果を得ることはできません。

ここでも必要なのは「仕組み」です。「継続しやすくなる」「継続したくなる」仕組みを作り上げるのです。

「できない人」を「できる人」に変える……そこに必要なのは、相手のパーソナリティを変えるような精神的なアプローチではなく、「やり方」を習得させ、それを「継続させる」ための仕組み作りです。

Chapter 02

具体性がなければ、それは「行動」とは言えない

ビジネスとは「行動の集積」

「やり方」を教え、それを「継続させる」ための仕組み作りにおける大前提は、人の「行動」に着目する、ということです。

これは行動科学の基本概念です。

この本でいう「会社を変える」「人を変える」とは、「会社にいる人の〝行動〟を変える」ということになります。経営理念、ミッション、会社の目標や経営計画などを定めることは、会社を成長させる上でもちろん重要なことでしょう。

しかし、それが社内で定着し、実際に社員が「行動」をしない限りは、成果を生み出せません。社員が動かない理念や計画など、まったく無意味な「絵に描いた餅」でしかないのです。

「ビジネスとは、行動の集積である」

これは私がよく使う言葉です。

社長からアルバイト、パート社員まで、すべての人が売上に結びつく何かしらかの「行動」を取ることで、会社の業績は上がる……だから「結果が出る」ことになります。

逆に行動を取らない、あるいは無駄な行動をしていれば、当然のことながら結果を出すことはできません。

組織とは、「社員一人ひとりの行動の集合体」です。

社員の行動を変えることが、組織、会社を変えるということに結びつくのです。

これを勘違いして、社員の「内面」にばかり着目してしまうリーダーが多く見受けられます。

「どうしたら、社員がやる気になってくれるのか?」
「モチベーションアップには、何が必要ですか?」

マネジメント研修を行っていると、リーダークラスの方から、このような質問も多く寄せられます。

とくに企業のトップともなれば、大切な自分の会社の大切な社員が、やる気を持って生き生きと働き、業績を上げてくれることは、何よりの望みかもしれません。

しかし、「やる気」「モチベーション」などという社員一人ひとりの価値観によってバラバラなものをいちいち変えていこう(アップさせていこう)としても、それは無理がありますし、極めて非効率な作業といえます。

社員に「やる気のある人間になってもらう」ことと、「望ましい行動を取ってもらうこと」……この似て非なる2つの目標の、どちらが会社にとって確実に結果を出すことになるかは、おわかりになるでしょう。

もちろん、社員のやる気やモチベーションは大切なものです。しかし、そこに着目しているだけでは、ただ立ち止まっているも同然。内面ではなく、「結果に結びつく行動」に変えることが、会社を成長させていくのです。

具体性を示す「MORSの法則」

抽象的なモノ言いでは、社員はどうすればいいかがわかりません。
社員に取ってもらいたい「望ましい行動」とは、具体性を伴うものです。
さらにいえば、行動科学の世界では、具体性のないものは「行動」とは呼びません。
たとえば、次のうち、「行動」と呼べるものはどれだと思いますか?

「社員同士のコミュニケーションを活発にする」
「英会話の学習に取り組む」
「机の上の整理整頓を徹底する」
「顧客満足度を高めるため、接客に力を入れる」
「もっとやる気を出す」

そう、すべて「行動」とは呼べません。
スローガンとしてはアリなのでしょうが、これらを上司から言われたところで、部下は「どうすればいいか？」はわからないのです。

かつてのマネジメントでは「それを自分で考えるのが仕事だ！」ということになったのでしょうが、社員の属性が多様化した現在では、それでは結果は生まれません。伝えるべきはスローガンだけではなく、具体的な行動でなければならないのです。

行動科学では、「ＭＯＲＳの法則（具体性の法則）」という、行動に対する明確な定義が存在します。

M＝Measured（計測＝数えることができる）
O＝Observable（見ること、聞くことができる）
R＝Reliable（同意、信頼できる）
S＝Specific（明確である）

この4つの要素が揃って、はじめて「行動」と呼べるというのが、それぞれの頭文字を取った「ＭＯＲＳの法則」です。

「どのくらいやっているかが数えられる」

「誰が見ても、誰が聞いても、何をやっているかがわかる」

「複数の人（3人以上）が見て、同じことをやっているとわかる」

「誰が、何を、どうしているかが明確である」


行動に着目するには、このように曖昧さ、不明瞭さを徹底的に排除し、具体性を持つことが必須なのです。

「社員とのコミュニケーションを活発にする」も、「1日に3回、他部署の社員との情報交換の場を持ち、結果を週1回の部内会議で発表する」という具体性を持たせなければ、「行動の指示」にはなり得ません。

「MORSの法則」は、行動科学マネジメントの基本ともなる法則です。ぜひ覚えておいていただきたいと思います。

Chapter 02 「仕組み」としてのマニュアル

マニュアルは何のために

「どんな行動が『(結果に結びつく) 望ましい行動』なのか?」

「どう行動すればいいのか?」

これら、仕事の「やり方」……知識と理論を与えるために必要な「仕組み」の筆頭が、いわゆる「マニュアル」です。


業務手順のマニュアルを作成している会社は少なくないでしょう。

しかし、すべての会社がそれでうまくいっているか……つまりマニュアルを活用できているかというと、そうではありません。

丁寧に作り込まれたマニュアルはあるけれど、それに従って作業をするスタッフは少ない、あるいはマニュアルに従っても、結局はうまくいかない……こんなことも多くの会社で起こっているのが現実です。

私が研修を担当したある会社（メーカー子会社）には、社長自らが苦労して編纂《へんさん》した立派なマニュアルが存在しました。

そこで私は、実際に現場のスタッフに、率直な意見をヒアリングしてみました。

「立派なマニュアルがありますが、役立っていますか？」

するとスタッフたちは、苦笑いです。

「たしかに立派なマニュアルですよね。でも、使ってません」

「役には立っていませんね、ここだけの話ですが」

このような意見ばかりなのです。

（それも仕方がないことだろう……）

私はそう思いました。

その〝立派な〟マニュアルに書かれたことといえば……。

「営業職は、相手企業の担当者の不安を解消するように努めなければならない」

「顧客との関係づくりを第一に考えるようにする」

「常に第一印象に気を配るべし」

などなど、たしかに〝立派な〟言葉がびっしりと書き込まれているのみなのです。

そこに書かれている言葉は、MORSの法則に当てはまらない、行動科学でいう「行動」とはかけ離れたものでした。

厳しい言い方をすれば、これではマニュアルは「作り手の自己満足」で終わってしまいます。

⇩「行動への落とし込み」はなされているか？

おわかりのように、ここで考えなければならないのは、マニュアルの内容が「行動と言えるかどうか」ということです。

担当者の不安を解消する、顧客との関係づくり、第一印象に気を配る……たしかにどれもが大切なことといえます。しかし、それだけでは「どうすればいいか」はわかりません。「行動の取りようがない」わけです。

抽象的な言葉をいくつもいくつも並べても、それだけではマニュアルにはなり得ません。必ず「どう動くか?」と、「行動に落とし込む」作業をして、それを明確に言語化する必要があるのです。

マニュアルの存在意義は、「スタッフに会社側の考えを理解してもらう」ことではありません。「結果に直結している行動を分解し、結果に至るまでにどのような行動を取ればいいかのステップを示す」。それがマニュアルの役割なのです。

『無印良品は、仕組みが9割』(松井忠三著 KADOKAWA)では、無印良品の店舗で使われているおよそ2000ページに及ぶマニュアル「MUJIGRAM」や、本部業務用のマニュアル「業務基準書」の存在が紹介されています。無印良品は、このマニュアルの存在により、業務を個人の勘や経験に頼らない「仕組み」へと変えました。

「やり方」を伝える仕組みを築き上げて成功した代表例といえるでしょう。

Chapter 02

マニュアルは「ステップ」を記す

「行動の分解」はできているか?

「みなさん、半年後にはフルマラソンを完走しましょう!」

「そのためには、経験者をよく見習って、全力を尽くしてください!」

こういった号令だけで、ランニングの未経験者がフルマラソンを走れるようになれるでしょうか? もちろん、無理です。

何から始めればいいか?

それに要する時間は?

頻度は？

目標とすべき数値は？

目標を具体的な行動に落とし込み、分解して提示しなければ、結果にたどり着くことは難しいものです。どうしていいかわからず、無駄な行動、無意味なトライ&エラーを繰り返すだけでしょう。逆にいえば、結果への最短距離が、分解した行動を順番にこなしていく、ということです。


「行動の分解」というと難しく聞こえるかもしれませんが、簡単にいってしまえば、「まず何をやって、次に何をやって……」という手順を、細かく行動として示す、ということです。たとえば「スマートフォンで会社に電話をかける」ことの行動分解を試みるとします。

・スマートフォンを手に取る
・画面を見る
・右下にある電話のアプリをタッチする

・電話帳から「会社」を選択し、タッチする

……相手と通話がはじまるまでにも、これだけの行動に分解できるのです。
もっと細かく分解すれば、それだけではありません。

行動科学の研修ではよく「『ペットボトルからコップに水を入れる』ことを行動分解してみてください」というワークを行いますが、じつはこれは「ペットボトルを見る」からはじまり、28の行動にまで分解できるのです。

「(できない人に)『やり方』を教える」際に、最初に考えなければならないのがこの「行動の分解」であり、「ステップを作る」ということなのです。

⇩ステップとして指示

ですから、業務のマニュアルにはこと細かい「ステップ」が書かれていなければなりません。経営計画も然りです。「3年後に売上150%増を目指す」……このようなことだけが書かれていても、そこに至るステップ、すなわち分解された行動がわからなければ、スタッフは「どうやってそこにたどり着けばいいいか」がわからないのです。

細かく分解された行動を示せば、示された側は、経験や予備知識なしに、「誰もが」結果に向かって行動を進めることができます。

これはセルフマネジメントや教育の世界においてもまったく同じ原理です。

たとえば小さな子どもに向かって「コップに牛乳を入れてきて」と頼む際……どうすれば実現できるかといえば、それは「細かく指示する」ことでしょう。

・冷蔵庫のドアを開ける
・横にある牛乳のパックを出す
・冷蔵庫のドアを閉める
・牛乳のパックをテーブルの上に置く
・食器棚からいつも使っている花柄のコップを出す

……こうして、次にこれ、その次にはこれと、分解した行動をステップとして指示すればいいのです。「ステップを作る」とは、決して難しいことではないのです。

Chapter 02

必要なのは「具体的な言葉遣い」ができるマネジャー

「ちゃんとした」って、何だろう？

「ウチの社員は、みんなちゃんとした挨拶もできないんですよ……」

私が研修を担当したある会社の課長は、いつも怒っていました。

「まったく、社会人としての常識はあるんですかねえ」

この課長の言う「ちゃんとした挨拶」とは、どのような挨拶のことをいうのでしょうか？

もうおわかりのように、「ちゃんとした挨拶」は、具体的な行動とはいえません。受け取る側によっていかようにでも解釈できてしまう、MORSの法則にそぐわない抽象的なものです。

また、課長のいう「社会人としての常識」も、極めて曖昧なものです。

「常識なんだから、知っていて当たり前」

「常識で考えればわかるはずだろう」

……そうはいっても、常識は世代により、会社により、あるいは国やコミュニティ、さらには個人個人により、違うもの。これは当たり前の話です。

自分の考える〝常識〟を、他者も知っているものと断定し、その前提のもとにマネジメントを図る……。これでは、アルバイトやパートとしてさまざまな世代、国籍の人たちを扱うことは難しいでしょう。

「ちゃんと挨拶をする」

これをMORSの法則に当てはめて行動に落とし込むと、たとえば次のような答えが考えられます。

・笑顔で
・正面を向いて
・5メートルは先まで届く大きな声で
・必ず会釈をして

これらが、行動に落とし込まれ、手順として行動分解された「ちゃんとした挨拶」だとすれば、そのすべてを部下に伝えなければならないのです。

実際にこの会社でヒアリングをしてみたところ、部下の人たちの多くは、「大きな声で」挨拶をすることのみが、「ちゃんとした挨拶」だという認識だったのです。そして誰もが「なんで課長はあんなに怒っているのだろう……」と不思議がっていたのです。

マネジメントに向く人の条件

社員への指示を明確な行動として言葉にする……この「言語化」の作業は、会社が一丸となって計画を実現するためには、欠かせない要素です。

とくに経営者の方に知っておいていただきたいのですが、部下を育成することにたけている人を見抜く方法は、この「言語化が上手いかどうか」ということです。

これまでの日本の会社社会では、いわゆる「できる社員」をプレイヤーからマネジャーに「格上げ」することが多かったのですが、「名選手」が「名監督」になれるとは限りません。

「できる人」の行動は、無意識な行動……「暗黙知」であることが多いのです。

たとえばある会社のトップ営業マンに「どうしてあなたはいつもいい成績を上げられるのですか？」と聞いてみても……。

「いや、私はちゃんとやっているだけですよ」

「フツーにやっているだけです。みんなできることですよ」

と言うだけ……。言語化できていません。自身の行動を分解はしていないのです。

当然のことながら、「できる人」には「できる理由」があります。

彼らは「結果に結びつく望ましい行動」を取っている、ということです。

この行動を、行動科学では「ピンポイント行動」と呼んでいます。

たとえば先のトップ営業マンの「顧客の訪問」という行動を分解してみると、彼は顧客を訪問した際には、帰り際に必ず「次にはどんな資料を持ってくるか?」を相手に約束している……ということがわかりました。

この「顧客との約束」が、他の営業マンとの行動の違いであり、かつ、他の社員もそうする(行動する)ことによって結果を増やしていったとしたならば、それが営業における〝結果に直結する行動〟、すなわちピンポイント行動であることがわかります。

この「できる人の、できる理由」を行動の分解によって見極め、それを他の社員に伝えることが、マネジャーの役割ともいえます。

ここで重要なのは、この仕事は経営者の仕事ではなく、現場マネジャーの仕事である、ということです。

とくに小さな会社では、経営者自らが何でもかんでもやってしまいがちです。

本来、経営者の仕事は「現場の教育」ではありません。理念を作る、アイデアを生み出す、会社の3年後、5年後、10年後を考え、計画を立案する……これが経営者がやらねばならないことです。

とはいえ、会社にとって「現場」は経営の要。

なぜなら、会社の「売上」を実際に作るのは、経営者でもなく、マネジャーでもなく、顧客と直接接する「現場のスタッフ」だからです。

アルバイト、パート……人口減少のこれからの時代は、さまざまな雇用形態、さまざまな属性のスタッフが現場で活躍することになるでしょう。だからこそ、現場マネジャーの「教育者」としての力量がより問われてくるのです。

あなたが経営者で、自身の理念や計画を社員に伝えようとするのなら、現場のマネジャーには、「できる人の行動を分解できて」「言語化にたけた」人材を据えるべきです。

Chapter 02

「チェック」がなければ、マニュアルは形骸化する

チェックシートとマニュアルの違い

「やり方」を教える際の第一段階が「マニュアルをつくって、ステップを示す」ことだとすれば、次はそのステップ＝行動をチェックする必要があります。

いわゆる「チェックシート」を作成することが一般的ですが、前段階のマニュアル自体がチェック〝リスト〟ともなっています。

では、マニュアルとチェックシートの違いは？

大雑把にいえば、チェックシートはマニュアルほど細かい項目を設けることはない、ということです。

人が「やり方」を習得する際には、前述のように、細かく分解された行動を重ねていくことが必要となりますが、あまりに細かい行動をマネジャーがいちいちチェックする「マイクロマネジメント」になってしまうと、マネジャーはチェックすることのみを業務と考え、「結果を生み出す」という本来の目的を見失ってしまうことになります。

また、チェックされる側も、常に「監視の目」にさらされていると感じ、嫌気がさすことでしょう。

チェック項目は、結果に結びつく重要な「ピンポイント行動」を中心とし、チェックする側がやりやすく、かつMORSの法則に当てはめて判断できるものであるべきです。

ですから、「顧客とコミュニーションを取る」「常に明るく振る舞う」などといった、チェックする側が困ってしまうような項目のあるマニュアルではNG、ということになります。

大切なことなので何度もお伝えしますが、着目すべきは、MORSの法則（65ページ参照）で落とし込まれた「具体的な行動」です。

⇩ チェックする側もチェック？

「行動に着目する、ということはとてもよく理解できる。しかしその点では、ウチには細かいマニュアルが存在する。これで全員が〝結果に結びつく望ましい行動〟ができるはずなのに、できていない。何とか標準化を図りたいのですが、どうすればいいのでしょうか？」

ある経営者の方から、そんな相談を受けたことがありました。

たしかにその会社のマニュアルは、行動が分解された、細かく、分厚いマニュアルでした。

しかし、あくまでも会社の目的は「（社員が）結果に結びつく望ましい行動を増やすこと」、あるいは「無駄な行動を減らすこと」です。行動が増えているか、増えていないかを、必ず確認する必要があるのです。

この会社の場合、マニュアルに自信を持ち、それを社員に与えさえすればすべてうまくいく、とばかりに、チェックの作業をおろそかにしていたようです。

また、経営者の目の届かない現場では、このようなこともあります……。

「マニュアルは仕事の『手順』。仕事の『心得』は俺の考えに任せてもらう」と、現場マネジャーが勝手な指導をしているのです。

営業職でいえば、ある支店のマネジャーは「営業の極意は、『話し方』にある」と考え、部下の話術をチェックしています。またある支店のマネジャーは「営業とは、訪問回数である」とし、部下がどれだけ顧客を訪問したかばかり気にしています。

これでは企業としての「標準化」は望むべくもないでしょう。

ですから、チェックシートは「チェックをする側」にも必要なものなのです。

自分がどのように現場スタッフの行動をチェックしたかをチェックし、さらに上司に提出する……。会社が一丸となって成長していくためには、このような仕組みも必ず必要です。

Chapter 02

「ちょっとずつやる」環境を作る

⇩ いきなり水に落としても、泳げない

「やり方」を教える際のポイントは、まず「ステップを作る」こと。これは〝できる人〟の行動を分解したマニュアル作りです。

次に「チェックすること」。核となる行動＝「ピンポイント行動」が増えているかを確認します。

そして最後に必要なのが、「技能の反復トレーニング」です。

たとえば「泳げない」という人に、クロールを教えることを考えてみてください。

泳げる人の〝泳ぎ方〟を細かく分解したマニュアルをポンと渡して、「ここに書いてあるとおりにやればできるから」……というわけにはいかないでしょう。

ここで必要になるのは、「サブゴールの設定」です。

泳げない人には、まず「水に慣れる」ことから指導する。「頭まで水に潜る」ことが最初のゴール。次に「浮いてみる」「バタ足をする」……そうやって徐々に泳げるようにしていき、困難な部分を反復トレーニングすることが必要となるのです。

かつての日本では、子どもをいきなり水に落として「さあ、泳いでみろ!」というような乱暴な教育も行われていたようですが、これで泳げるようになる子どもは、ごく少数でしょう。大抵は水に対する恐怖心を植え付けられ、「水泳が苦手」となってしまうだけです。

「サブゴールを設けて、ちょっとずつ慣れさせる」という指導法は、専門的には「系統的脱感作法」と呼ばれる、臨床心理学の分野で確立された、極めて科学的な手法です。

この手法はビジネスの場においても、「苦手を克服する方法」として、行動科学マネジメントではよく使われるものです。

「系統的脱感作法」は、〝ちょっとずつ〟

たとえば「人前で話すことが苦手」という人に、現場で接客販売を担当させる……。そんな機会もあるかもしれません。

このとき、「やればできるだろう」とばかりに、いきなりお客さんの相手をさせたら……。もしその担当者がお客さんとのコミュニケーションが上手くいかず、しどろもどろになってしまったとしたら、その人は苦手意識を増幅させ、二度とお客さんの前には立てなくなるかもしれません。

ここで系統的脱感作法を試みるのであれば、まずは先輩販売員の「横に立っている」ことから始めます。

次のゴールは「お客さんからの声掛けに応じる」だけ。「すみません」と声がかかったら、「はい」と応じ、用件を聞くだけ、です。

このようにして徐々にお客さんとのコミュニケーションをとっていき、最終ゴールの「1人で売り場に立つ」を達成するわけです。

私はマラソン、トライアスロンが趣味で、これまでにフルマラソンをはじめとして100キロを走るウルトラマラソン、7日間かけて砂漠を横断するサハラ砂漠マラソン、極限の環境でクロスカントリー、自転車、ランをこなす南極トライアスロンなどを完走してきました。

今でこそ走ることに自信と喜びを感じる私ですが、数年前までは、まったくのマラソン未経験者だったのです。

そんな私が、ある雑誌の企画で「フルマラソン完走」にチャレンジすることになった……。プロのマラソントレーナーからの第1の指示は、「石田さん、まずは週に2回、30分歩いてください」というものでした。

さらに「30分のうち10分は走って」「20分は走って」「1時間走って」と、徐々に走る距離、時間を延ばし、フルマラソンはおろか、知り合いからは「なんて馬鹿げた」と驚かれるような過酷なレースを経験することになるのです。

「ちょっとずつ、やる」。これは苦手克服の大前提なのです。

Chapter 3

目標達成のための習慣作り

Chapter 03

「習慣化の仕組み」がわからなければ、「できない人」はそのまま

⇩

せっかく「やり方」を知っていても……

できない人ができない理由として、まず「やり方」を知らない、ということがあるとお話ししてきました。

そして、やり方を教える際の3つのポイントをお伝えしました。

❶ステップ作り……具体的な行動が示されたマニュアルの作成

❷ピンポイント行動が増えているかの確認……チェックシート

❸反復トレーニング……系統的脱感作法で、サブゴールを定めて「ちょっとずつ」

この3つです。

そして、「できない理由」の次の問題となるのが、「続けられない」というものです。せっかく知識として、理論としての「やり方」を与えられても……つまり「何を、どうすればいいか?」を教えられたとしても、それが実際に日々の行動として習慣化、定着化しなければ、意味はありません。

マニュアル、チェックリストを作っても、現場ではまったく使われていない。棚にささったままになっていて、結局は「できる人はできる、できない人はできない」と、問題は何も解決されないままです。

これは現場での業務のみの問題ではありません。

会社の理念、経営計画、個人の数値目標……年度の初めあたりは、社員の誰もが乗り気ですが、1カ月もすると、多くの人が忘れてしまうのです。そして結局は何も達成できないまま、1年が終わってしまう……。

こんなことが何年も続き、会社は何の成長もしないまま。経営者は常に「どこかに『できる人』はいないかなあ」と悩むことになります。

せっかくの「やり方を教える仕組み」や立派な経営計画があるのなら、今度はそれを「続ける」「習慣化させる」定着の仕組みが必要になります。

↓「なぜ続かないのか？」を考えてみる

では、人が行動を「続ける」「定着させる」理由は何でしょう？

それは簡単にいえば、「その行動が、好ましい結果を招くから」ということです。

人が行動を続けるには、まず行動を起こすべき条件があり、行動し、その行動の「結果」が生まれます。

この結果によって、人は次の行動を促す（あるいは促さない）のです。

これは行動科学では「ＡＢＣモデル」と呼ばれる次のような概念でまとめられています。

A＝Antecedent（先行条件）……行動を起こすきっかけ、行動の直前の環境
B＝Behavior（行動）……行為、発言、ふるまい
C＝Consequence（結果）……行動によってもたらされるもの。行動直後の環境変化

物事を続けること、つまり行動の継続に影響を与えるのは、Cの結果です。

たとえば、「部屋が寒いのでエアコンをつける」という行動を、ABCモデルに当てはめてみましょう。

「部屋が寒い」ということが、Aの「先行条件」にあたります。

そして「エアコンのスイッチを押す」というBの「行動」を取ります。

ここで、Cの「結果」が、「エアコンから冷たい空気が噴き出す」というものだったら……人は、「部屋が寒いのでエアコンをつける」という行動は、今後は取らなくなるはずです。

当たり前のように聞こえるでしょうが、これが人間の行動原理です。

ですから、「なぜ、続けられないか？」を考えれば、それは「行動をしても、好ま

しい結果があるわけではないから」といえます。

「行動の結果にメリットがあるなら、人はまた行動を繰り返す」

この事実をもとに、結果や先行条件を操作することが、物事を続けさせる仕組みの基本となるのです。

⇩「結果を操作する」とは？

このメカニズムは、ビジネス、セルフマネジメント、教育など、あらゆるシチュエーションに当てはまるものです。

たとえば、アルバイトに、「わからないことはどんどん先輩に質問する」ということを習慣化させたい場合……。

「先輩、これはどうすればいいんですか？」と質問する行動の「結果」では、次の2つのうち、どちらの結果が「行動を繰り返す（質問することを習慣化する）」ことになるでしょう？

結果❶「どうすればいいんですか？」→先輩「少しは自分で考えてみなよ」

結果❷「どうすればいいんですか?」→ 先輩「よく質問してくれたね!」

答えは明らかです。

質問した結果が「突き放される」「怒られる」ということであれば、もうアルバイトは「質問する」という行動は繰り返さないでしょう。逆に質問をしたこと自体を評価されれば、つまり質問という行動の結果が「称賛」であるなら、さらにまた質問を繰り返すということです。

行動の結果を「メリットのあるもの」にする……これが習慣化の基本です。

Chapter 03

「すぐに成果を享受できない」から、行動は定着しない

↓ 着目すべき行動は3種類

人が物事を続けられないのには理由がある、ということはおわかりいただけたかと思います。

今いる社員のうちの「できない人」ができないままでいないで、会社が一丸となって成長していくためには、会社に「続ける仕組み」が必要となるのです。

「事細かいマニュアルを作った」

「チェックシートを用意した」

あるいは「素晴らしいアイデアを思いつき、経営計画に落とし込んだ」

それだけでは、社員が動き出すことはありません。

「やり方」として示した行動を繰り返すことで、目標は達成し、成果として残るわけです。

ですから、リーダーが着目すべきは、目標としての数値以前に、社員一人ひとりの行動ということになります。


ここで、着目する行動には3種類の性質があることを知っておいてください。

まず1つは「不足行動」。

結果を出すために「増やしたい行動」ということです。

たとえば、営業マンのピンポイント行動として「顧客への訪問」があったとしたなら、それが増やしたい行動、つまり不足行動ということになります。


次に「過剰行動」。

これは不足行動の逆で、「減らすべき行動」ということです。

勤務中のおしゃべり、無駄な長時間の外出などのいわゆる〝悪習慣〟がこれに当たります。

セルフマネジメントでいえば、「ダイエットを続ける際の〝間食〟」や、「貯金を続ける際の〝ショッピングでの衝動買い〟」が、減らしたい行動＝過剰行動です。

増やそうとする行動、あるいは減らそうとする行動を、行動科学では「ターゲット行動」と呼びますが、3つめに、このターゲット行動を阻害する「ライバル行動」にも着目することが必要です。

先ほどの不足行動の例「顧客への訪問回数」を阻害するライバル行動としては、「より親しい（訪問しやすい）顧客への訪問」や「社内での同僚との会話」などというものが挙げられるかも知れません。

また、ビジネスにおいても、プライベートにおいても、最近顕著なライバル行動は、いわゆる「ネットサーフィン」、無駄なネットの閲覧でしょう。

フェイスブックやツイッターなどのＳＮＳも、強力なライバル行動となります。

それぞれの行動の「性質」とは

不足行動を増やしづらい理由、過剰行動を減らしづらい理由は、それぞれの行動の性質にあります。

不足行動は、「すぐに成果を享受できない」という性質を持っています。

たとえば1回顧客を訪問したくらいでは、営業成績が目標値に達することはないでしょう。1回ランニングをしたくらいでは、ダイエットの効果は数字としては表れないものです。

これに対して、過剰行動、ライバル行動は「すぐに成果を享受できる」ものです。おしゃべりやネットサーフィンは、「すぐに楽しい」と思え、間食や衝動買いはすぐに「満足感」を得ることができます。

そこで、これらの行動の性質を知ったうえで、「行動を取りやすくする」あるいは「行動を取りづらくする」ことが、物事を続け習慣化させるための、行動科学的な仕組み作りです。

Chapter 03

「後押し」「動機付け」「ハードル」が、行動継続のポイント

3つのポイント

ターゲット行動を増やす、あるいは減らすためには、3つのアプローチがあります。

❶ 行動を「後押し」するアプローチ

行動科学ではこれを「行動の補助（ヘルプ）」と呼んでいます。これで、ABCモデル（95ページ参照）の「A＝先行条件」をコントロールするのです。

たとえば「デスクワーク」が増やしたいターゲット行動であった場合には、それを

後押しするアプローチとして、「（長時間座っていても）疲れない椅子」の導入や、「仕事がはかどるBGM」などの工夫が考えられます。

行動の後押しとは言い換えれば「仕事をしたくなる環境作り」ということです。

❷ 行動の「動機付け」をするアプローチ

これはABCモデルの「C＝結果」のコントロールです。つまり、「行動したことがメリットにつながる」工夫です。

「不足行動は、すぐに成果を享受できない」とお話ししましたが、ならば、すぐに享受できる成果（結果）を作ろう、というわけです。

言い換えれば（行動したことに対する）ごほうび、ということです。

たとえば資格取得のための毎日の勉強は、日々積み重ねなければ成果（試験合格）にはたどり着けません。そこで、毎日勉強を終えるごとに「ビールを飲める」「好きなゲームの時間を設ける」などのごほうびを設定するのです。

ごほうび、という言い方に違和感を覚える方もいるでしょうが、この「ごほうびの設定」「何がごほうびとなるのか」は、会社の成長に大きな影響を及ぼすのです（詳しくは後ほどお話しさせていただきます）。

❸「ハードルを下げる」アプローチ

「面倒くさいから、やらない」

「やりづらいから、やらない」

これもれっきとした人間の行動原理です。ならば、「面倒でなくする」「やりやすくする」ことを工夫すれば、人は自然と行動に移ることができるでしょう。

「ハードルを下げる」とは、このことです。

たとえばあなたが、ダンベルを使った筋力トレーニングを習慣化したいと考えるとします。その際、毎日のトレーニングの後で、わざわざダンベルを押し入れの奥深くにしまい込んでいたら……「トレーニングの時間だ」と思い立っても、いちいち押し入れからダンベルを取り出さなくてはならないわけです。これは面倒な作業です。

「ダンベルは常に手の届くところに置いておく」……簡単なことですが、これが「ハードルを下げる」ということです。

会社内においても、「報告・連絡・相談はスマートフォンのメールでもＯＫとする」「稟議を通す際の段階を少なくする」など、システム、ルールとしてハードルを下げ、行動しやすくする工夫はいくらでもできるはずです。

❶ 行動を「後押し」する

❷ 行動の「動機付け」をする

❸ ハードルを下げる

この3つが、行動を促すことはおわかりいただけたでしょう。

では、行動を抑制する、つまり「過剰行動」を減らす場合は?

そう、まったく逆を行えばいいのです。

行動の後押しとなるようなことは、しない。動機付けをしない（あるいはペナルティを用意する）、ハードルを高くする（やりづらくする）ということ。

こうしてさまざまな環境を操作して行動をコントロールする……これはビジネスでも、セルフマネジメントでもまったく同じ「行動原理」です。

Chapter 4

社員が「動き出す」仕組みを作ろう

Chapter 04

「仕方なくやる」を「やりたいから、やる」に変える

社長の思いがカラ回り?

「会社のスタッフがみな、生き生きと仕事を楽しんで成果を挙げる……」

これは多くの経営者が理想としていることではないでしょうか?

「会社が楽しい」

「仕事が好きだ」

そう思いながら頑張る社員を抱えることは、経営者の喜びであり、誇りともいえるでしょう。

ところが現実は、そうではないことが多いもの。

自発的に「喜んで」「楽しく」成果を挙げている人間は少なく、たいていの社員は「できれば楽をしたい」と考えています。

上司の前では熱心さをアピールするものの、監視の目がなければ適当に手を抜いて仕事をする……程度の差はあるにせよ、こんなことは多くの会社で行われていることです。

立派な理念を持ち、会社の、ひいては社員の将来を考えた経営計画を立てているにもかかわらず、社員は〝仕方がないから〟と仕事をする……。

経営者の思いも、カラ回りです。

行動自発率の差を埋めろ

しかし、「仕事に喜びを感じている」「やりたくて、自発的に仕事をしている」という人間もいます。

2割を占めるハイパフォーマー、いわゆる「できる人」には、この傾向が大きいものです。彼らと「できない人」の違い……それは専門的には「行動自発率」の差ともいえるでしょう。

左のグラフを見ていただけばわかるように、「仕方なくやる」「やらなければならないからやる」という社員を示す下の「have to 曲線」は、行動の立ち上がりが遅く、最低限の要求をかろうじてクリアする程度です。

それに対して「やりたいから、やる」というできる社員を示す「want to 曲線」は、スタートからすでに右上がりに上昇し、時間を追うごとにさらに上昇します。

これが「できる人」と「できない人」の、生産性の違いです。

両者の根底にある差が、「自発的に仕事を行っているか、否か」ということなのです。

自発的に仕事を行っている人は、それが無自覚であるにせよ、「自発的に行動する仕組み」を自分自身に持っています。つまり、行動の結果を喜べる「動機付け」と、それをさらに促す仕組みです。

会社が成長するためには、すべてのスタッフに自発的に仕事を行ってもらうことがベスト。ですから、「自発的に仕事をするような仕組み」を、会社が設けることが必要なのです。

「want to」と「have to」では成果が全く変わる

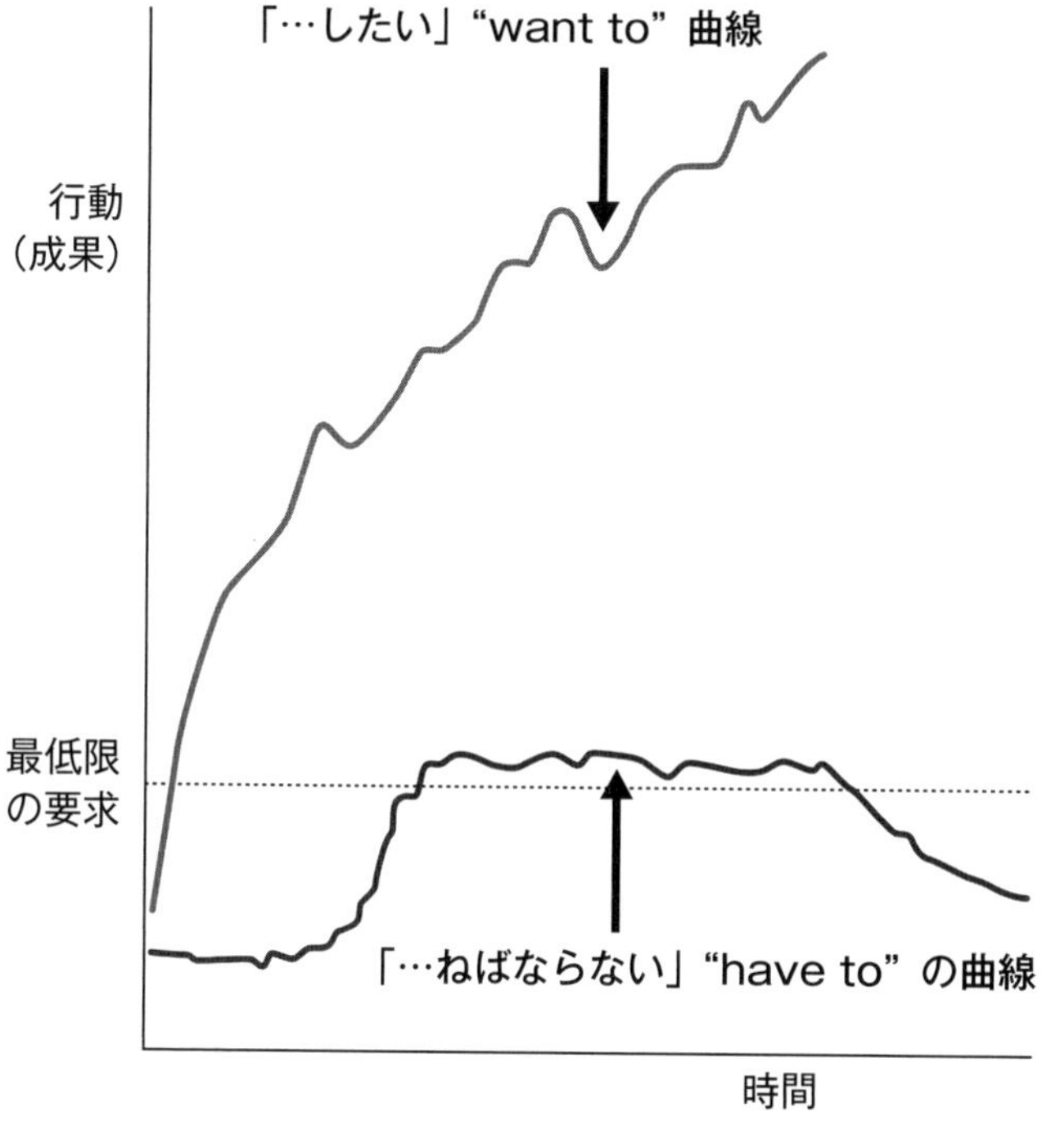

Chapter 04

「結果のコントロール」ができる人とできない人がいる

↓ 無理やりやらせるか？　やりたくなるようにするか？

社員の不足行動を増やす場合には、２つのやり方があります。

ひとつは、「無理やりやらせる」こと。

もうひとつが、「自分でやりたくなるようにする」ことです。

無理やりやらせる場合に効果的なのは、単純なようですが、「怒ること」です。

「日報を提出しないと怒られる」

「訪問回数を増やさないと、怒鳴られる」

この恐怖から逃れるために、「仕方なく」仕事をする……。

こういった人が、「行動自発率の低い人」です。

彼らはやがて、マネジメント側の意図に反して、「怒られることを回避する行動」を取りはじめます。

たとえば「怒られる前に会社を出てしまう」「上司との会話を避けるため、延々と電話をかける（かけているフリをする）」などなど……。

これでは、会社の生産性など上がるわけがありません。

ですから会社のトップは、「自分でやりたくなるようにする」、つまり「社員の行動自発率を高める環境作り」を考えるべきなのです。

「できる社員」は結果をコントロールできている

社員の行動自発率を上げることは、理念や経営計画の定着においても、もちろん重視しなければならないことです。

「仕方なく仕事をしている社員」は、理念や計画に対しても「仕方なく」取り組む、何もかも会社側（マネジャー）が〝無理やりやらせなければ〟自発的に動くことはありません。必要最低限の仕事を「上司から怒られないようにする」ということを目的に行うだけです。

いっぽう、「仕事をしたくてしている社員」は、理念や経営計画も仕事の一環ととらえ、そこにも喜びを見出そうとします。

「仕方なく仕事をしている社員」と、「仕事をしたくてしている社員」……どちらが会社の示す理念や計画に対して前向きに、あるいは真剣に取り組もうとするかは、明らかでしょう。

理念や経営計画の定着の核となるのは、それらの「内容」ではなく、「行動自発率の高い人材の育成」ということになります。

行動自発率の高い人材＝「できる社員」

行動自発率の低い人材＝「（その他の）できない社員」

とするならば、やはり「できない社員を、できる社員に変える」ことが必要なのです。

行動自発率の高い「できる社員」は、前章でお話ししたように「望ましい行動を続ける（習慣化する）仕組み」を、無意識ながらにも持っています。望ましい行動を繰り返すポイント＝「結果のコントロール」ができているということです。

結果のコントロール……つまり「動機付け」の存在です。

言い換えればそれは「ごほうび」「報酬」というもの。望ましい行動の結果として報酬が待っているからこそ、彼らは仕事に「喜び」を感じることができるのです。

報酬は必ずしも「お金」とは限りません。

価値観が多様化する現代社会では、社員が「本当に欲しいモノ」を報酬として設定することが、成長する会社の必須案件となるでしょう。

次項から、新しいかたちの「報酬」についてお話しさせていただきます。

Chapter 04

社員が「報われた」と感じることは何かを考える

「お金」や「出世」は報酬になりづらい？

「報酬」とはすなわち、「自分が報われた」ことを表すものといえます。

人は、自分のやったことが何らかのかたちで「報われた」とき、その行動に「やりがい」を感じ、また新たに行動を繰り返します。

つまり、「報われた」ことが、ＡＢＣモデル（95ページ参照）の「Ｃ＝結果」となるのです。

逆に自分のやったことが何も報われない……何の意味も持たないことであれば、その行動を続けようとは思いません。

結果に結びつく、望ましい行動を繰り返すためには、行動が「報われる」という結果の象徴としての報酬が不可欠なのです。

ビジネスにおいては、この報酬とはすなわち、賃金や賞与など、「お金」のことと捉えられがちです。

もちろん、お金は報酬であることに間違いはありません。

しかし、価値観が多様化している今、「(社員に) 頑張ったら頑張った分だけお金を報酬として与えれば、もっと頑張るだろう」という単純な理屈は、通用しないでしょう。

たとえば、かつてビジネス界で「成果主義」というシステムがうまくいかなかった、ということが、いい例です。

勤続年数にかかわらず、成果を挙げた者だけを、その成果にしたがって評価し、報酬を与えるというシステムです。

簡単にいえば徹底した「歩合制」。「成果を挙げれば挙げただけお金がもらえますよ」と、「行動の結果」を強調するわけですが、このシステムはうまくいかず、ビジネス界には定着しませんでした。

なぜならば、一握りの「できる社員」以外は、成果を挙げられず、「報われた」という思いを手にすることができなかったからです。できる社員が華々しく成果を挙げ、報酬を享受している様を、シラけた思いで眺めるフツーの社員……。一生懸命になっても、どれだけ行動を取っても、成果を挙げられないかぎりは報われない、報酬がないということでは、行動自発率が失せていくのも自然なことでしょう。

また、会社内での「地位」も、仕事を頑張ったことの報いにはなりづらくなっています。

「ウチの若い連中は、本当に〝欲〟がないんですよ。『出世なんてしたくない、今のままでいい』って言うのです」

こんな経営者の声をよく聞きます。

これは時代の移り変わりのせい。そもそもの環境が変わってしまったのです。

バブル経済の崩壊、年功序列制度の崩壊を経た今のビジネス界では、若いビジネスパーソンたちに「別に出世しても、いいことはないだろう」「仕事が忙しくなるだけだ」という気分が広がっているように思います。

その反面、〝モノ〟があふれ、モノに対する欠乏感が希薄な彼らは、自然と物欲、金銭欲も希薄になっています。

「頑張って仕事をして、いい車を買うぞ」「頑張って仕事をして、でかい家に住むぞ」などということは、求めていないのです。

「車の免許なんて、いらない」「家は賃貸がベスト」「服は安くていいものがある」「仕事を頑張るよりも、家でゲームをする時間を大事にしたい」……実際にさまざまな企業のさまざまな現場でヒアリングをしていても、そんな若い人が増えています。

「報われた」と感じるものは何か？

仕事の報酬は、お金やモノ、地位とは限りません。

たとえば、上司からの「称賛」が報酬、行動の動機付けとなる場合もあります。

とくに若い世代の場合は、〝承認〟……つまり「よくできたな」と、行動を認めてあげることが大きな動機付けともなります。

「やはり『ほめる』ことは大事なんだな！　だったら今度から、仕事を頑張った社員は、思い切りほめるようにしよう！」

そう考えるリーダーもいるでしょう。

たしかに「ほめる」という行為は、行動科学的にも動機付け条件として極めて有効です。

しかし、ことはそう単純ではありません。

ある会社のマネジャーが、トップの営業成績を取った女性の営業部員を、全営業部員の前でほめちぎりました。

「いやあ、彼女はすごい！　よく頑張ったね！　みんなも彼女を見習うように！」

ところが……その後彼女は、以前よりも仕事への熱を欠き、平凡な成績しか残さなくなったのです。

「みんなの前であんなにほめられて……なんだか、貪欲な女だと思われるのは嫌なんですよね……」

これが彼女の本音でした。「みんなの前でほめられる」ことは、彼女にとって望ましい結果、動機付けにはならなかったということです。

マネジャーにとっては、自分の常識の範疇で考えた場合、「みんなの前でほめられることは栄誉であり、やったことが報われた」ということなのかもしれませんが、その常識が部下にとっても同じだとは限らないのです。

「成績の優秀な社員をねぎらうために、社長自らが食事会を開いた」という話もよく聞きます。

上昇志向の強い社員にしてみれば、「社長との食事」はとても誇らしいイベントといえるでしょう。しかし、それを望まない社員の場合は……。

「社長と食事なんて、緊張するだけですよ。成績が良かったのに、なんでそんな〝罰ゲーム〟をやらされなきゃならないの？」

これは実際に私が聞いた、ある会社の若い社員の声です。

こんな「勘違い」が、多くの会社で行われています。

今の若い社員が「次世代の自社の幹部」になることを見据えれば、「社員にとって報われた、と感じることは何か？」を考え、会社のシステムとして作り上げることは、会社を成長させるための必須条件といえます。

Chapter 04

さまざまな報酬が社員の行動を変える

新しい報酬のかたち「トータル・リワード」

社員が望ましい行動を繰り返し、習慣化、定着化させ、行動自発率を高めるには、行動が「報われる」という結果、すなわち「報酬」が必要。そしてそれは「お金」や「出世」（地位）とは限らない……というお話をしました。

この「自発的に動く社員を育成するための環境作り」の参考にしていただきたいのが、成果主義の反省を踏まえたアメリカの企業が重視している「トータル・リワード（Total Reward）」という考え方です。

トータル・リワードとは、金銭や会社の〝福利厚生〟だけでは得ることのできないさまざまなかたちの「報われ方」も、報酬として考え、与えるというものです。

これは、行動自発率の高い人を育成し、組織そのものを底上げしていく仕組み作りの材料として、ぴったりの考え方です。

行動自発率を高めるために必要な、金銭面以外で必要な「報われること」＝報酬を、どんなかたちにして、どんな方法で与えればいいのか？　を考えるのです。

ただし、ビジネスにおけるあなたの組織は、あくまでも「業績を上げるために集められた集団」です。「金銭面以外で」ということから、「じゃあ、とにかく社員を大事に、かわいがればいいんだ」と短絡的に考えるのは、間違いです。

もちろん、あなたがあなたの会社の社員を大切に扱い、彼ら彼女らの幸せを考えるのは、素晴らしいことに違いありません。

しかし、この本でお伝えしたいのは、精神論や人情論ではなく、あくまでも「会社を成長させるための仕組み作り」であることをお忘れなく。

⇩トータル・リワードの6つの要素

私が日本の企業に合うように整理したトータル・リワードの「金銭面以外の報酬」には、次の6つの要素（頭文字からA～F）があります。

A＝Acknowledgement（感謝と認知）

社員を「仕事の大切なパートナー」として認知し、感謝を示すことです。

これまで、マネジメントにおける「認知」とは、「結果に対する認知」が主なものでした。「いい成績を挙げて、えらかったね」というものです。

しかしこれからは「行為に対する認知」が必要。望ましいピンポイント行動を取ったことに対する認知です。営業で数字を達成していなくても、たとえば訪問回数を増やした等の「行動」を認めるのです。

とくに間接部門、事務職には「存在の認知」が有効です。「あなたがいてくれるおかげで、会社は助かる」ということを、態度で具体的に示すことが重要です。

B＝Balance[of work and life]（仕事と私生活の両立）

「人は何のために働くか」……その答えのひとつには、「暮らしを充実させたい」ということがあります。たとえば社員の勤務形態などにフレキシブルに対応し、社員の暮らし＝私生活を大切に考えることも、報酬のひとつです。とくに女性社員を活用する上では、欠かせない要素といえます。

C＝Culture（企業文化・組織の体質）

あなたの会社の職場には、自由に意見やアイディアを述べたり、役職や年齢、立場を超えて認め合う「風通しの良さ」はあるでしょうか？

メンバー同士で足を引っ張り合ったり、派閥で争っていたりといった陰湿な組織に対してロイヤルティ（忠誠心）を感じる人はいないはず。また、そんな企業体質のなかで成果を挙げようと積極的になる人も少ないはずです。

D＝Development [Career/ Professional]（成長機会の提供）

成長意欲が高い社員に対しては、その成長を後押しすることも報酬です。

セミナーや研修会に参加する時間を与えたり、社内でキャリアアップのための制度を設けていくことが、具体的な報酬となります（これはすでに導入している企業も多いでしょう）。

E＝Environment[Work place]（労働環境の整備）

職場＝オフィスの立地や居心地は、社員にとっては重要問題です。便利でおしゃれな場所にオフィスがあればそれに越したことはありません。また、性能のいいパソコンや使いやすい文房具を用意するなど、「働きやすい環境」を提供することも、仕事の動機付けとなり得るのです。

アメリカの「報酬」に関する教育機関「ワールド・アット・ワーク」の提唱しているトータル・リワードの要素は、大きく分けて以上の5つですが、私はこれに行動科学マネジメントを的確に行うために、さらにもうひとつ重要な要素を加えています。

F＝Frame（具体的行動の明確な指示）

この本をお読みいただいているあなたには、もうよくおわかりの概念でしょう。「行動を具体化させる」ということです。仕事は、あいまいに指示されるものであってはなりません。結果を出すためには、何を、どうすればいいかをきちんと示し、相手に具体的な行動の指示を与えるのです。

マニュアルやチェックシートを与えることが、これに当たります。

「正しい仕事の進め方を教えてあげること」。そして「(結果につながるかどうかわからないような)ムダな仕事をさせないこと」もまた、リーダーがチームメンバーに与えなければならない重要な報酬です。明らかに意味のない仕事をさせることほど、行動自発率を低くするものはありません。

以上のA~Fまでが、トータル・リワードでいう「お金以外の報酬」というものです。

これらに無関心な経営者・リーダーは、大切な社員の心をつなぎとめておくことはできず、高いパフォーマンスを挙げさせることも難しいでしょう。

Chapter 04

ほめ方のコツは「すぐに」ほめること

いつほめるのか？

トータル・リワードのなかで、とくに注目したいのは「A＝感謝と認知」です。この報酬は、社内の日常的な習慣として、成長する会社の企業文化ともなり得るからです。

近年、「相手をほめて伸ばす」というマネジメントが注目を集めていますが、行動科学でいう「ほめる」は、もちろん、やみくもにほめるだけで人は伸びる……などというものではありません。

あくまでも「望ましい行動を取った」という結果を認知することが、「ほめる」という行為に当たるわけです。

「望ましい行動を取ったら、認められる」

それだけのことが、十分に「行動することのメリット」となるのです。

ただし、前述の例のように「みんなの前でほめられる」ことを嫌ったり、「会社のトップから直接ねぎらわれる」ことにプレッシャーを感じる人もいるでしょう。


ここでいう「ほめる」とは、主に日常的な言葉かけを意味します。

これは、「行動そのものを認知、称賛する」ということにもつながります。

たとえば「商談後には、必ず相手先にフォローアップの電話をする」ということを習慣化させたい場合に、その先にある「商談成立」を成績として称賛するのではなく、「電話をした」ことをほめるようにします。

「ビジネスは結果がすべて」という意見もあるでしょう。しかし、「行動の積み重ね」がビジネスでいう結果＝成果となるのですから、まずはプロセスそのものを称賛し、動機付けとして強化（行動科学では「リインフォース」と呼びます）しなければ、最終的な成果に至ることはできません。

⇩理想は「60秒以内」

社員をほめる際にポイントとして、「すぐにほめる」ということも忘れてはなりません。

たとえばゴルフに行き、いいスイングをした……。そしてその1週間後に、一緒に行った仲間から「あのスイングは良かったな」と言われても、ピンとこないでしょう。先の「フォローアップの電話」の例でも、1カ月後に上司から「あの時、電話をしていたな」と言われても、次の行動には何も影響しません。

行動科学の研究によれば、行動に対する称賛は「60秒以内」が理想的という実験結果が出ています。

しかしこれは、ビジネスの現場では現実的には難しいことです。そこで、チェックシートなどを評価する、というルールが必要なのです。

この「後で評価する」という場合でも、最大で「2週間以内」とされています。

ですから、日常から「社員の行動を称賛する」という風土づくり、ルール作りに取り組むことが、会社の未来に影響を与えるのです。

もちろん、ただほめることだけをすればいいわけではなく、社員が望ましくない行動を取った際には、それを正す（やめさせる）ために、叱責という行為も行わなければなりません。

ここでも、行動を正す際には「すぐに」「その場で」が原則です。何カ月も経ってから「あの時は……」と叱責されても、社員は行動を正すことはできないのです。

叱責の際に、大声で怒鳴りつけたりすることは、絶対にやってはいけません。怒鳴ったり脅したりという行為は、叱責する側の〝怒り〟という感情の表れです。相手に感情をぶつけたところで、何の解決にもなりません。

また、「どうしてお前はいつもそうなんだ」といったように、相手の〝人格〟について指摘することも、タブーです。

着目すべきは、人格ではなく、あくまでも相手の「行動」なのです。

Chapter 04

効果の高い称賛と効果の低い称賛がある

PST分析で「ほめる」ことを見直す

理想的な「ほめ方」の参考として使っていただきたいツールとして、「PST分析」という整理法があります。

これは、行動の継続の要となる、ABCモデル（95ページ参照）の「C＝結果」を、「タイプ」「タイミング」「可能性」の3つの要素で見直すものです。

「タイプ」は、それがポジティブな結果（P＝Positive）か、ネガティブな結果（N

＝Negative）かに分けられます。

「タイミング」は、結果を即時（S＝Sugu）に生じるものか、あるいは後《あと》（A＝Ato）で生じるものかで分けます。

「可能性」は、その結果が確かなもの（T＝Tashika）か、あるいは不確実なもの（F＝Fukakujitsu）かで分けます。

これらP・S・T・N・A・Fという6つの条件の組み合わせを見ることで、与えられる結果が行動を継続させやすいものか否かを判断する、というものです。

最も行動が継続しやすい組み合わせが、「PST」です。

「ポジティブであり」「すぐに与えられ」「確かなもの」……この〝三拍子〟が揃った結果が与えられた際に、人は自ら行動を繰り返す……つまり行動自発率を高めるのです。

また、「NST」の組み合わせも、「PST」と同様に強力です。

これは行動をやめさせたいとき……つまり過剰行動を減らす際に効果を発揮します。不足行動を増やすために「すぐにその場で称賛する」。

過剰行動を減らすために「すぐにその場で叱責する」。

これらはまさに「PST」と「NST」であり、効果が大きいということがおわかりいただけるでしょう。

逆に、最も効果の薄い組み合わせが「PAF」と「NAF」です。

即時性がなく、確実性もないものは、不足行動を増やしたり過剰行動を減らしたりする効果は期待できないのです。

⇩ボーナスでは行動自発率は高まらない？

社員への称賛のかたちとして、多くの企業で「ボーナス」の制度が設けられています。

しかし、ボーナスをPST分析に照らし合わせてみると、いかがでしょう？

「お金がもらえる」ということで、タイプは「P」です。

「すぐにはもらえない」ということで、タイミングは「A」です。

「金額（あるいは出るか、出ないか）は、上司の判断や会社の業績次第」ですから、可能性は「F」です。

つまり、ボーナスは「PAF」の組み合わせであり、行動自発率を高める効果は薄いものなのです。

「頑張った社員には、ばっちりボーナスをはずむぞ！」

そう言って社員を鼓舞する経営者もいるでしょうが、当の社員は、それによって自発的に仕事を頑張る可能性は低いのです。

だからこそ、金銭に頼らない称賛……マニュアル、チェックシートやトータル・リワードといった、新しい報酬の仕組みを作り出す必要があるのです。

Chapter 04
「どうせできない」からの脱却を図れ

「挑戦」の仕組み作り

「どんどん新しいことに挑戦して、会社の未来を切り拓いてほしい」

「目標をあきらめずに、頑張ってほしい」

社員に対してそう願う経営者もいらっしゃるでしょう。

しかし、社員の側からすれば……。

「そのような〝気持ち〟や〝姿勢〟を持っても、結局は『成果』が出なければ評価されない、失敗すれば叱られる。だから、新しいことに挑戦するよりは、おとなしく現状を維持していたほうがいいのではないか？」

という発想に至ってしまいがちです。

たしかに、「気持ち」や「精神論」を説いたところで、社員を新しい挑戦に向かわせることは難しいものです。

ここでも、必要なのは社内の「仕組み作り」です。


いままでになかった新しい企画への取り組みや、新規顧客の開拓……新しいことに挑戦しても、そこですぐに「結果」が出るわけではありません。

これまでにお話ししてきたように、すぐに結果が出ないからこそ、人は〝行動の積み重ね〟ができず、途中で挫折してしまうわけです。

「やってみる」→「できなかった」→「挫折感」→「おとなしくしていよう」……いわば「負のスパイラル」にはまってしまうのです。

それに対して「挑戦のスパイラル」は……、

「やってみる」→「できた」→「最終的な目標達成」→「次の挑戦へ」という、前向きなものです。

次々と新しいことに挑戦する企業は、企業文化としてこの「挑戦のスパイラル」が存在するのです。

何かをやってみて「できた」ということで、その人は「達成感」を得ることができます。

そして、達成感を得たという結果が、次の行動へと向かわせます。

達成感はさらに、「自分にもできるじゃないか」という自信＝「自己効力感（セルフ・エフィカシー）」を引き出します。この自己効力感が、「もっとできるはず」という、次の挑戦への原動力となるのです。

⇩成功体験は会社の財産

優秀なセールスマンは、仕事のキャリアにおいて割と早い時期に「お客様に商品を買っていただけた」という成功体験を持っている人が多いものです。

彼らは成功体験から達成感を得て、自信＝自己効力感を持ち、同じように好ましいセールスを繰り返しているわけです。

いっぽう、うまくいかないセールスマンには、お客様に気に入られなかった、商品を買っていただけなかった、という失敗体験をずっと引きずり、第一歩である「顧客へのアプローチ」にさえ消極的です。このスパイラルにいては、いつまで経っても成績がアップすることはありません。

好ましいスパイラルに入るためには、できるだけ早く成功体験をして、達成感を得ることが必要です。

そのために会社ができる仕組み作りが、「サブゴールの設定」です。

第2章の86ページの項目でお話ししたように、サブゴールを設定して「ちょっとずつ、やる」系統的脱感作法は、苦手の克服の他にも、多くの達成感、自己効力感を感じ、「挑戦のスパイラル」をつくり出す効果もあるのです。

個人の目標設定やプロジェクトの立ち上げの際には、最終的な成果の途中に、必ずサブゴールを設けるようにしましょう。

そこで享受する達成感、自己効力感が、社員を、ひいては会社全体を「新たな挑戦」へと向かわせることになります。

Chapter 04

トータル・リワードは、会社でカスタマイズする

トータル・リワード実施のポイント

トータル・リワード（124ページ参照）を、実際に会社の仕組みとして導入する際に気をつけなければならないポイントをお話ししましょう。

❶「感謝と認知」を表明する仕組みで、社員一人ひとりをケア

リーダーが他の社員に対して「いつも感謝している」「いつも気にしている」と〝思っていればいい〟という精神論では、仕組み作り、企業文化作りは実現できませ

ん。

「ほめる」「適切なアドバイスをする」といったリーダーの具体的な行動が、メンバーへの感謝を表明し、また「成長機会の提供」ともなるわけです。

これらは主に現場マネジャーの日常的な仕事であり、経営者は感謝、認知を具体的な制度として定めることも考えるべきです。

「サンキューカード」と呼ばれる、何かで助けられた相手に感謝の言葉を書いた小さなカードを渡すことを全社で展開し、社内の活性化に成功した大企業もあります。

ありふれた、そして単純な仕組みかもしれませんが、こういった小さな取り組みによる「社員一人ひとりへのケア」が、ひいては会社全体を成長させるのです。

❷「仕事と私生活の両立」のためのルール作りを

前述のように、時代の移り変わりとともに社員一人ひとりの価値観は多様化しています。

「給料をもらっているんだから、〝仕事が第一〟であるのは当たり前だろう」

「早く退社する人はダメ。遅くまで会社に残って頑張ることが偉いのだ」

そんな考えは、もはや通用しません。

社員の私生活を鑑み、ライフワークバランスに配慮することも、社員にとっては大きな報酬＝動機付けとなり得ます。

会社側の施策としては、育児や介護など、私生活面で負担があるメンバーに対して勤務時間の形態等を見直す、極力残業や休日出勤を排し、プライベートの時間を尊重する、さまざまなかたちで休暇を設定するなどの新しいルール作りが考えられるでしょう。

❸「企業文化・組織の体質」を具体化させる

「望ましい行動が評価されているのか？」

「チーム内、あるいは部署間での連携が〝システム〟として確立されているか？」

「社員への公平性はあるか？」

といったことに気をつける必要があります。

〝風通しのいい組織〟や〝社員の意見を尊重する〟といった言葉は、具体的な行動とはいえません。いくら経営者が号令をかけても、「どう動けばいいのか」が言語化されていない限り、会社は変わらないのです。

社員のためにマニュアル、チェックシートなどが存在する、という事実だけでも、立派な企業文化・組織の体質といえます。

また、システムとして最も見直しやすいのは、社内の「会議のあり方」でしょう。部署間の連携をスムーズにするような会議となっているか？　参加者の意見は反映されるのか？　「どんな会議が行われているか」は、企業文化・組織の体質を測るバロメーターといえます。

❹「成長機会の提供」ができるリーダーを選べ

セミナーや研修への参加をサポートするなど、キャリアアップの機会が増える制度を確立することが代表例といえます。社員の配置転換に関する相談を快く受け付ける制度も、成長機会の提供でしょう。

前述のように、「感謝と認知」として「ほめる」「適切なアドバイスをする」ことこそが、社員の成長にもつながります。

単に「もっとやる気を出せ！」「頑張れ！　業績を上げろ！」と声をかけても、具体的に何を、どうすればいいかがわからなければ、相手は先へ進むことができません。

メンバーに成長機会を与えられるリーダーとは、具体的な言葉を持っている人です。

具体的な言葉を持つ人をリーダーに抜擢することも、社員に成長機会を提供するための経営者、経営幹部の役目です。

❺「労働環境の整備」のために現場の声を聞く

作業の効率化には新しい設備の導入、行動の後押しとなる環境作りが考えられますが、まず取り組むべきは、「社員の声を聞く」という行動です。

社員が業務に際して、何か不都合なことがあるかどうか……普段から「作業する者の目線」を持ち、実際に「何か困ったことはないか?」とヒアリングしてみる、あるいは現場の声が上層部まで届くように、各マネジャーからの報告のシステムを確立することをおすすめします。


そして、これら「お金以外の報酬」を与える際に忘れてはならないのが、**❻「具体的行動の明確な指示」**というわけです。

明確な指示は、それ自体が「報酬」でもあります。つまり、「自分がどう動けばいいのか」を教えてくれることこそが、社員にとっては、とてもありがたいものなのだということです。

経営者・幹部が実行しなければならないのは、たとえば実際に現場の社員に感謝の言葉を届けることや、現場の社員の不満を直接聞くことではありません。直接現場に接するのは、あくまでも現場マネジャーです。

経営者・幹部であるあなたは、これらトータル・リワードを会社の「仕組み」「ルール」として確立することが仕事なのです。

会社によってどんなトータル・リワードを採用するかはまちまちでしょう。「何を重視するか?」が、その会社の特長、文化を決定するのです。

Chapter 5

理念と計画を落とし込む

Chapter 05

浸透、定着のカギを握るのは、現場のマネジャーだ

日本のマネジメントは遅れている？

社員を身近で観察、指導し、検証し、さらに承認して行動を増やすようにするのは、直接的には現場マネジャーの仕事です。

第1章で「社員にとって、企業文化とは、直属の上司のことである」というお話をしたように、現場マネジャーの資質が、会社全体の成長を左右するといっても過言ではありません。

各サブゴール到達までの行動の積み重ねを、明確に示すことができているか？

そのためにマニュアルを活用できているか?
社員の行動のチェックを怠ることはないか?
「何をすればいいのか?」を明確な言葉として表しているか?
現場マネジャーに求められる仕事は、たくさんあります。

・観察力
・判断力
・言語化能力

「マネジャーの指導力」とは、この3つを兼ね備えていなければならない、と、私は考えています。

これだけ大変なマネジャーの仕事ですが、日本は海外に比べ、マネジャーの重要度、マネジメントに関する仕事への注力が低いように思われます。
「仕事は見て覚えるもの」

「ＯＪＴこそが一番の指導法」

これまではそんな考えが日本のビジネス界の主流だったのですから、無理もないでしょう。

しかし、これからの日本では、このような手法は通用しません。

じつは、日本企業が外国企業を買収した際に、「人材開発」（32ページ参照）に関してだけは、先方の外国企業の方式を取り入れる……というケースが増えているというのです。

「自分たちの人材開発は遅れている」

その事実を、多くの日本企業が認めているわけです。

かつての年功序列制度のように「社歴も積み重ねてきたことだし、そろそろ課長に昇進させる」、あるいは「業務成績がいいから、リーダーに抜擢する」などという安易な人事は、会社にとって命取りとなるでしょう。

さらに増える現場マネジャーの負担？

来るべき人口減少時代の現場マネジャーには、さらに重視される仕事があります。

「入ってきた貴重な人材を、いかに『辞めさせずに』育成するか」というものです。

これからの時代、「部下が使えない」などと嘆いていられるマネジャーは、むしろ幸せでしょう。

それよりも、そもそも「部下がいない」「部下が来ない」ということに悩むマネジャーが続出することが予想されます。部下が来なければ、現場の仕事はすべてマネジャー自身が背負い込まなければならないのです。

「ならば、優秀な人材をマネジャー職として採用しなければいけない」

経営者がそう考えても、それは無駄なことだというのは、もうおわかりでしょう。

そう、優秀な人材など、そうそう簡単に採用することができない時代が来るのです。

経営者・幹部といった会社のトップの理念や計画を浸透させるための仕組みがうまく機能するか否か……それは現場マネジャーの力量にかかっています。

そのマネジャー自身を育成し、マネジャーとしての「結果に結びつく行動」を継続させることも、会社の仕組みがなければ叶わないのです。

Chapter 05

じつは目標自体は重要ではない

↓自己効力感の重要性

会社の目標達成のための計画作りに際して、ひとつ知っておいていただきたいことがあります。

「〝目標が明確であれば、人は物事を継続できる〟というわけではない」ということです。「目標なんて何だっていい」という意味ではありません。

「目標設定こそが一番大事ではない」ということです。

では、何が目標達成に影響を与えるのか……。

それは、行動の「結果」です。

目標とは、行動科学でいえばＡＢＣモデルのＡ＝先行条件にあたるもの。

この先行条件が行動の継続に与える影響は、0〜20％程度しかないといわれています。

残念ながら、人は立派な目標を立てたからといって、黙々と行動を繰り返すことは、あり得ません。

「加速するグローバル化に対応するために、英語を習得しよう」

「いや、中国語も習得しよう」

「来期は売上の１２０％増を目標とする」

……このような目標を打ち出したところで、社員が目標達成のための行動を継続させることはないでしょう。

会社の理念に関しても、同様のことが言えます。

たとえば「仕事の心構え」や「会社のお客様に対する姿勢」を社員が理解し、「お客様には感謝の気持ちを持って接しよう」と思っても、それだけでは行動は継続しません。感謝を込めたお客様とのコミュニケーションが増えるわけではないのです。

子どもに「勉強の大切さ」を語っても、それで翌日から勉強時間が増えるかといえば、増えることはないでしょう。

これは、相手の理解力の問題ではありません。

「わかっているけど」しない。……それが人間の行動原理なのです。

大切なのは、「やる理由」ではなく、「やった結果」ということです。

もし社員に顧客とのコミュニケーションの機会を習慣とさせたいならば、お客様とコミュニケーションを取った直後に、その行動を評価することが大事です。

「お客様に感謝を込めて丁寧に接すれば、評価される」……これが行動の結果です。

子どもの勉強時間を習慣とさせたいならば、決められた時間、机に向かっていたことを「よくがんばったね」とほめてあげることが必要です。

立派な目標や会社の理念、仕事の意義、心構えは、もちろん重要なことです。社員には理解してもらうべきでしょう。

しかし、何が彼ら彼女らの行動の継続＝会社として成果を挙げることに必要かというと、それらではありません。

行動の継続に影響するのは、あくまでも行動の直後の「結果」。ABCモデル（95ページ参照）の「C」なのです。

人は目標を与えるだけで動くものではありません。

会社の目標や経営計画がいかに素晴らしくても、心に響く話をしても、熱意を込めて檄《げき》を飛ばしても、それだけでは動かないのです。

行動の結果を明確に与える仕組みを作りましょう。

Chapter 05

「企業フィロソフィー」の落とし込みで、会社の成長を3倍にする

企業フィロソフィーとは何か？

社員に対し、マニュアルを使って、ゴールに至るまでの行動を具体的に、かつ明確に示し、各マネジャーはその行動の増減をチェックする。

社員が結果に結びつく望ましい行動を繰り返すためには、行動した「結果」が重要であり、「動機付け」となりうる結果を用意しなければならない。

動機付けは金銭のみとは限らない。トータル・リワードの考え方を用いて、社員にとって本当に「報われた」と感じる動機付けを考える。

目標設定の際には、一足飛びに大きなゴールを設定するのではなく、サブゴールを細かく設けることで、達成感、自己効力感を与える。

いってみれば、以上のことが「優秀な人材の採用に頼ることなく、今いる社員で目標達成をするための人材育成法」となります。社員が結果＝売上に結びつく行動を繰り返せば、当然、会社の業績はアップするのです。

このような人材育成法を「仕組み」として社内に取り入れるのが、経営者・幹部の役目です。

そして、経営者・幹部にはもうひとつ、忘れてはならない重要な役目があります。それは自社の「企業フィロソフィー」を示し、社員に浸透させることです。

「企業フィロソフィー」という言葉は、聞いたことがあるでしょう。

直訳すれば、「企業の哲学」。さまざまな有名企業が、独自の企業フィロソフィーを掲げています。

企業フィロソフィーは「企業理念」「経営理念」「企業のミッション」「企業のビジ

ョン」と同義語となっていたり、それらを内包するものであったりと、定義はまちまちですが、私は、企業フィロソフィーの構成要素を以下の3つに分けて考えています。

❶ 企業理念
❷ 中期ビジョン（経営計画）
❸ ハイパフォーマーの行動

これらが揃うことで「どんな哲学を持つ会社なのか」「どんなやり方で経営をしようとしているのか」が明確となり、社外にも「ウチはこんな会社です」ということを明言できるようになるのです。

⇩「ラストゴール」としての企業フィロソフィー

とはいえ、この企業フィロソフィーは、会社の対外的な「広報活動」のみを目的としたものではありません。

社員全員に浸透させ、各人が「ウチの会社は何をしようとしているのか」「どんな会社になりたいのか」ということを理解してもらわなければ、意味がないのです。

企業フィロソフィーとは、いわば会社の最終目標＝「ラストゴール」といえるものでしょう。

それぞれの価値観はあるにしても、社員各人が同じゴールに向かうことこそが、会社の成長スピードを加速させるのです。

「『企業フィロソフィー』なんてご大層なもの、たくさんの支社や関連会社を持ち、たくさんの社員を抱える大企業さんが考えるものだろう」

そう考える人もいるかもしれません。

しかし、企業フィロソフィーは、「会社の考えそのもの」。どんな会社にも必要なものなのです。

Chapter 05

「会社は社員をどう思っているか」を示す

構成要素の内容

それでは、私が考える企業フィロソフィーの3つの要素について、ご説明しましょう。

❶ 全員で守っていく「企業理念」

企業理念とは、会社が社会のなかでどのような役割を果たすのか、を示したものであり、社員全員が遵守していきたい事柄です。

「何のために事業を行うのか？」「誰のためのビジネスか？」が盛り込まれているべきものであり、ミッションと言い換えてもいいでしょう。

これを考えるのは、いってみればビジネスの〝主宰者〟である経営者（及び幹部）の仕事です。

ちなみに、私の会社の企業理念は、次のようにまとめています。

「我々は、『和魂洋才』の意識のもと、海外の優れた新しい価値観、スキル、メソッドを積極的に日本のビジネス界、教育界に取り入れ、応用することで、グローバル化が進む社会において、企業、各種団体の一助となれるように努めることを、使命とします」

会社によって表し方はさまざまですが、私はいくつもの項目を箇条書きでずらりと並べ立てたものよりも、メッセージ色を重視する点から、文章で表現することをお勧めします。

❷「どうなりたいか?」を示す「中期ビジョン(経営計画)」

中期ビジョンとは、いわゆる「中期経営計画」の根本となるものです。「企業フィロソフィーがラストゴール」というお話をしましたが、その中で最も明確なものが、中期ビジョンでしょう。

企業理念は、永続性を持ったゴール(目標)、それに対して中期ビジョンは3〜5年先の到達点。企業フィロソフィーの中での「サブゴール」的な役割です。

中期ビジョンを達成することで、会社そのものが達成感、自己効力感を得ることができ、更なる成長と挑戦を後押しするのです。

中期ビジョンには、企業理念とは違い、目標売上額や成長率などの具体的な数値目標を入れ込むべきです。

「ビジョン」というからには、目標達成を果たした会社の姿を、社員が明確にイメージできなくてはなりません。「3〜5年後、(社員を)どんな場所に連れて行こうとしているのか?」が中期ビジョンであり、これを考えることも経営者・幹部の仕事であり、社員はそこに期待をかけている……「どんなところに連れて行ってくれるのかを考えている」と意識すべきです。

❸「どんな仕事ぶりをしてほしいか?」を示す「ハイパフォーマーの行動」

ハイパフォーマー……つまり業績のいい人、「できる社員」のことです。

彼ら彼女らの「結果に結びつく望ましい行動」を模範として、他の社員にも同様の仕事能力を身につけてもらう……。そのために、「具体的にどのような行動をするべきか?」を示すことも、企業フィロソフィーのひとつです。

ここで得られた行動分析の結果が、マニュアルやチェックシート作りの基となります。

当然、ハイパフォーマーの「結果に結びつく望ましい行動」は、普遍的なものではありません。社会情勢、経済情勢、時代の流れによって、売上を上げるために必要な行動も変わってきます。

かつてハイパフォーマーだった社員が、同じ行動をしていてもパフォーマンスを挙げられなくなる、という事態もあるでしょう。

ですから、常に見直しが必要なのです。

一度行動を分析すれば済む、ということではありません。毎年の経営計画立案時には、「ハイパフォーマーがなぜハイパフォーマーたるのか?」をあらためて考え、行動を分析し直す必要があります。

次項から、「企業理念」「中期ビジョン」「ハイパフォーマーの行動」それぞれの社員への定着方法についてお話ししたいと思います。

すべての定着に関して言えることですが、最も重要なことは「具体化」です。

行動科学の概念＝ツールとして使うべきものは、これまでに何度もお話をしてきたMORSの法則（65ページ参照）のみ、といってもいいでしょう。

MORSの法則で行動を分解し、どう行動すればいいのかを明確にする。

それがこの本でいう「会社の目標を達成させる」核となる作業なのです。

企業フィロソフィーの構成要素

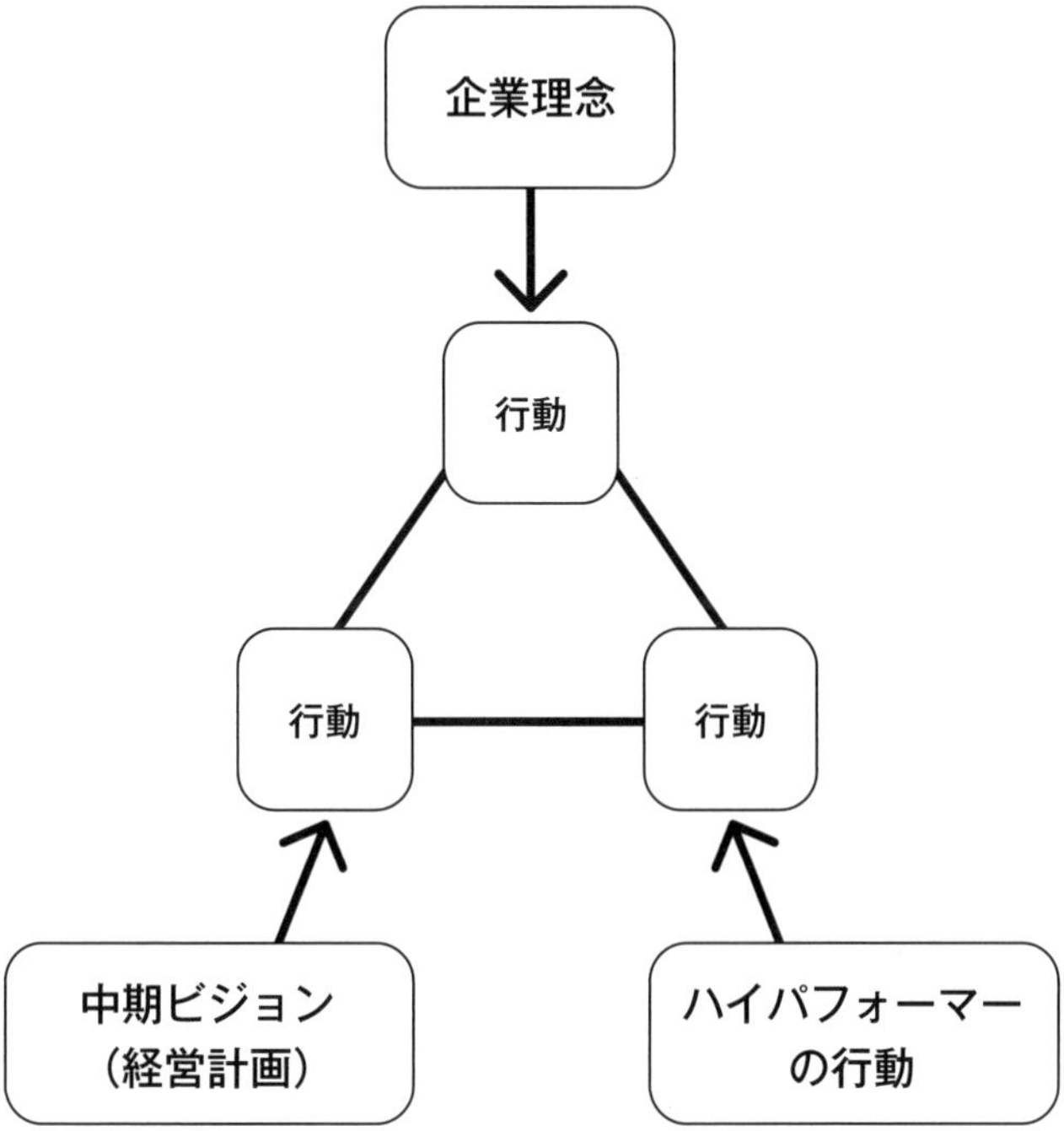

企業フィロソフィーを構成する３つの要素をＭＯＲＳの法則を使って「具体的な行動」に落とし込んで定着させる

Chapter 05
企業理念を「行動」に落とし込む

⇩「人がいない」からこそ、理念が必要

企業理念とは、企業が到達すべき姿＝大きなゴールです。

ですから、どんな規模の会社であれ、経営者が企業理念を掲げることは、会社を続けていくことにおいて、欠かせない仕事です。

「企業理念なんて、お飾りみたいなもの」

「美辞麗句を並べておけばいいんだろう」

「理念なんかより、とにかく売上」

そんな声も実際によく聞きます。

そういう人たちは、「企業理念なんて無駄なものだ」と考えているのです。

しかし、企業理念とは、いわば社員の活動の「規範」であり、「拠り所」となるものです。

「こんなとき、どう行動することがウチの会社らしいのか？」

「ウチの会社は、何を重視しているのか？」

そういった拠り所がなく、会社がどこへ向かおうとしているのかがわからない社員は、会社に対する帰属意識やロイヤルティ（忠誠心）も希薄となります。

これからの時代、社員の帰属意識・ロイヤルティは、会社を経営する上で非常に重要なキーワードとなるでしょう。

これからの時代……そう、人口減少で「人がいなくなる時代」です。

若い世代の社員がいなくなる、離職する社員がいても、新たに人を採用することが困難になる……。また、マーケットの縮小により、顧客も減少する……。

そんな時代に「ウチの会社は、こんなことを目指している会社である」と、はっきりと標榜できていない会社には、人は寄りついてこないでしょう。

「みんなでこれを守っていこう」と社員に伝えられ、「私たちはこれを守っていきます」と顧客にアピールできることがなければ、会社は個性をなくします。

個性とは、その会社独自の「魅力」と言い換えてもいいでしょう。

魅力のない（標榜できない）会社に、社員は帰属意識やロイヤルティを覚えることはありませんし、顧客が振り向くこともないでしょう。

企業理念は、企業の「色」そのものであり、追求すべき「会社の魅力」なのです。

⇩ どうすれば定着するか？

「企業理念なんてお飾り」と考える人は、実際に企業理念を経営のツールとせず、自らを「お飾り」のポジションに甘んじさせている人です。

理念に具体性がない……つまり、行動の分解が為されていないのです。

たしかにこれでは、単なるお飾り。何の意味もありません。

しかし、企業理念を社員にとって「自分たちはどう行動すればいいのか？」というツールとして使うことができれば、会社の成長は著しく加速します。

経営計画の一環として企業理念を考える際に、今ある企業理念が単なるきれいごとや理想論になってしまっている場合には、理念の「行動への落とし込み」が必要です。

段階でいえば、まずは企業理念を「行動指標」に落とし込みます。

たとえば、マニュアルの好例として挙げさせていただいた「無印良品」(良品計画)の企業理念は、次のようなものです。

・良品価値の探求 (Quest Value)
・成長の良循環 (Positive Spiral)
・最良のパートナーシップ (Best Partnership)

「良」をキーワードとした、いかにも無印良品らしいものだと感じます。

さらに、これを落とし込んだものが、行動指針となります(良品計画では「行動基準」という言葉を使っています)。

1　カスタマー・レスポンスの徹底
2　地球大の発想と行動
3　地域コミュニティーと共に栄える
4　誠実で、しかも正直であれ
5　全てにコミュニケーションを

企業理念を実現させるためには何をすべきか、を示唆するのが、行動指針です。

これを第2ステップとし、私はさらに第3ステップで「継承すべき行動」に落とし込むことを提唱しています。

継承行動とは「あの会社の社員らしいよね」と言われるような行動です。

行動指針として挙げたもののなかから、「ウチの社員としてこれだけは」と思えるものを絞り、それをMORSの法則で行動に分解して、社員に示すのです。

「企業理念」→「行動指針」→「継承行動」

これが企業理念の落とし込みの手順です。

企業理念の落とし込み手順

自社の理念	

MORS ↓

行動指針	• • • • •

「これだけは」と思えるものをピックアップ

MORS ↓

継承行動	

Chapter 05

経営計画が「魅力的」でなければ、現場が動かない

↓「延長線上」のものに、人はときめかない

人口減少時代を迎え、簡単に人材を確保できないこれからの社会、「会社の目標を絶対に達成させる」ためには、今いる社員を「できる社員」に変えていかなければならない……。

そのためには、社員が「どう行動すればいいのか？」を具体的に示すこと、そして行動を継続していけるように「結果」（動機付け）をコントロールする「仕組み」を作らなければならない……。

その大前提のもとに、さあいよいよ、経営計画＝「会社の目標」に向かって、社員が動き出します。

この本で重視する経営計画とは、3～5年の中期の経営計画です。

10年後、20年後の会社を考えることももちろん大事なことですが、「会社の目標を達成させる」ことにフォーカスするのであれば、社員にとって10年後、20年後の会社の姿は、少し想像しにくいものです。

まずは中期の経営計画を実現させること……それをゴールとしましょう。

唐突ですが、ここでひとつ質問です。

あなたの会社の経営計画は〝魅力的〟ですか？

「魅力的な経営計画……何ですか？　それは？」

そう思う方もいらっしゃるでしょう。

「なぜ、魅力的じゃなければいけないんだ？　経営計画とは、数値目標ありき、のことだろう。会社が達成すべき数値目標を、予測に基づいて設定する……それが経営計画だ」

そう考えている方も多いはずです。

しかし、数値目標を掲げただけでは社員は動きません。

数値目標だけの経営計画は、現状の「延長線上」となってしまうからです。

もちろん数値目標とはそうあるべきで、突拍子もない非現実的な数字を掲げるものではありません。

しかし、「このまま頑張っていけば○○％の業績アップ」「この調子で売上○○億円を達成させる」といった現状の延長線上の目標には、「挑戦」や「成長」のイメージがありません。

ここでいう「魅力的な経営計画」とは、「会社の〝新たな挑戦〟がみえるもの」のことです。

これは単純に「新規事業を計画しましょう」という意味ではありません。マーケットが縮小する時代に新たなビジネスモデルを作り上げることは必要ですが、まずは社員の行動レベルで「いままでと違った取り組み」を示すべきだということです。

なぜ「挑戦」や「成長」のイメージが必要なのか……。

それは第1章でお話ししたように、会社の成長が止まってしまうと、優秀な人材が辞めていってしまうからです。

挑戦もせず、成長も望まない会社に、社員は魅力を感じません。「会社が前進しようとしている」ことを社員に表明し、「一緒に成長しよう」と呼びかけることも、経営計画の役割だと考えます。

⇩ 3つの視点での分解

社員が行うべき「経営計画実現のための、いままでと違った取り組み」を、「戦略行動」と呼びます。

戦略行動は、次の3つの視点を用いて、行動に分解します。

❶ 独自性

競合他社に比べて存在する「自社の独自の強み」をさらに強化するために、どのような行動を取らなければならないか……ということです。

簡単にいえば、「顧客に必要とされている理由……それをどう強化していくか？」ということになります。

他社よりもきめ細やかなサービスが顧客に必要とされている理由であるならば、それを強化するために繰り返すべき行動は何か……。MORSの法則で分解するのです。

❷挑戦テーマ

過去の延長線上にない「挑戦」があるか……。これが経営計画の「魅力」を大きく左右します。

いままで行ってこなかったマーケティング手法や営業活動の導入、新商品の開発などの新しい試みを、具体的な行動として提示するのです。

ただし「どうしても無理だろう」という現実離れした挑戦は、いくら魅力的だとしてもNGです。

ステップを踏んでいくことによって必ずたどり着けるものが、挑戦テーマにふさわしいものです。ですから、ここでは「サブゴールの設定」をとくに明確にすべきでしょう。

❸ 能力開発

社員各人が新規に開発すべき能力は何か？　を探ります。

コミュニケーションスキルの向上や各種技術職での技術向上など、個人が新たに手にすべき能力を、どのように習得するか、までを行動に落とし込み、提示します。

ですから、マニュアルやチェックシートの見直しも、経営計画の一環と考えるべきでしょう。


これら3つの視点で社員の行動を分解し、「戦略行動」を挙げなければ、発表された計画も社員に定着することはないのです。

↓ 経営計画実行委員会を作る

戦略行動を現場に伝えるためには、各現場へのトップダウンが必要となります。

望ましいトップダウンは、次の順番です。

❶トップ（経営者・幹部）から各部長クラスに、中期経営計画の大まかなビジョンをトップダウン
❷部長クラスがブレイクダウンした戦略行動を、トップが承認
❸部長クラスから各現場マネジャークラスに、承認された戦略行動をトップダウン
❹現場マネジャークラスが、ＭＯＲＳの法則で社員の具体的な行動に落とし込む
❺具体的に分解できているかを、トップがチェック

これらの作業は、トップが「経営計画実行委員会」を組織し、各部の部長クラス、現場マネジャークラスを集め、全員で行うべきです。各部署個別の作業では、それぞれの部署の単年の数値目標に着目しがちだからです。

経営計画は「横のつながり」を重視しましょう。

繰り返しになりますが、人口減少によってこれからのビジネスのあり方は大きく変わります。

今のうちに、「３～５年後の会社のかたち」を変える作業をスタートさせましょう。

経営計画の落とし込み手順

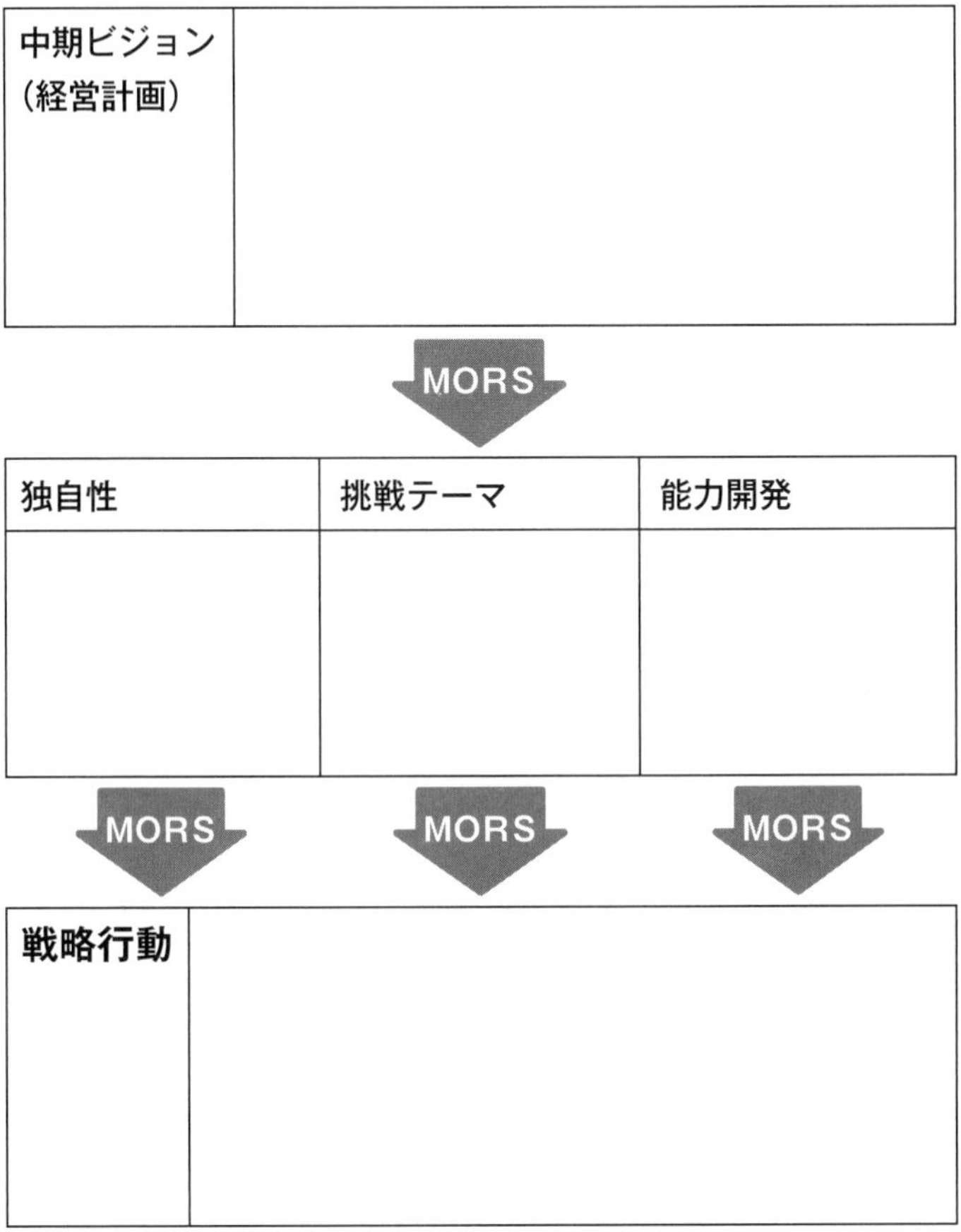

Chapter 05

ハイパフォーマーの行動で、目標達成に一直線

真っ先に定着してほしいもの

ハイパフォーマー＝「できる社員」の行動を分解して他の社員に定着させることを〝企業フィロソフィー〟のひとつとすることには、違和感を覚える人もいるかもしれません。

しかし、「自社の社員は、どのような仕事ぶり（行動）をすることが望ましいのか？」を考え、それを明確にし、社員にフィードバックさせることは、企業のあり方……哲学のひとつとして、非常に重要なことだと思います。

何度も繰り返すようですが、これからの時代は、今いる社員を「できる社員」へと底上げしていくことが、企業存続のための最良の策です。

ですから、理念、経営計画を社員に落とし込んで「どんな会社であるべきか?」を標榜するのであれば、「どんな社員になってほしいか?」を行動レベルにまで落とし込み、明確にしておくことは、トップの仕組み作りの作業には必須でしょう。

会社の目標達成のために一番必要なのは、社員一人ひとりの行動です。ハイパフォーマーの行動を身に付けることは、社員に真っ先に定着してほしいもの、部署ごとの「短期目標」とも位置づけできます。

「できる人」の行動を分解することに関しては、これまでにお話ししたとおりです。マニュアルとチェックシートを作り、チェックとフィードバック（評価）をします。

このチェックとフィードバックの仕組みを徹底しなければ、社員の望ましい行動は定着することはありません。

誰がチェックとフィードバックを行うかといえば、それは現場マネジャーです。

繰り返しになりますが、これからの時代、現場マネジャーの担う役割は、極めて大きいものとなるのです。

ここでは詳しく触れませんが、私が提唱するコーチング手法「行動定着コーチング」でも、このチェックとフィードバックを行うコーチ＝支援者を選出することを第一のステップとしています（支援者は現場マネジャーとは限らず、外部の人材を登用することもありますが、この本では、会社全体の仕組み作りにフォーカスしたため、詳細は拙著『部下の行動が1カ月で変わる！「行動コーチング」の教科書』（日経BP社）を参照してください）。

ハイパフォーマーの行動を分解し、定着させる際のポイントは、「『ピンポイント行動』となるものを、〝相手のレベルに合わせて〟分解する」ということです。

相手（社員）は新人なのか？　ある程度の経験がある人なのか？　あるいはコミュニケーションが容易ではない外国人なのか？……。細かく分解するに越したことはないでしょう。

ハイパフォーマーの行動分解手順

ハイパフォーマーの行動（特に重要な業務プロセスは？）	

MORS

ピンポイント行動	

MORS

相手のレベルに合わせて！

分解されたピンポイント行動	・ ・ ・ ・ ・ ・ ・ ・ ・ ・

Chapter 05

仕組みがあなたの会社の武器になる

仕事が楽しいわけではない

会社を目標達成させるための最後のトピックとして、ぜひ知っておいていただきたいことがあります。

それは、社員が自発的に行動を繰り返すことと、社員を楽しませることとは違う、という事実です。

「社員が生き生きと、いつも楽しく仕事ができる環境が一番だ」

このような思いやりを持つ経営者がよく誤解されることですが、会社の仕組み作りは、社員を〝楽しませる〟ために行うものではありません。

「経営計画は〝魅力的に〟」といっても、だからといって、社員が毎日を面白おかしく過ごせるように……とは考えなくていいのです。


誤解を恐れずに極端な言い方をすれば、仕事は楽しいものではありません。

たとえばマラソンを趣味とする私が、よく人から質問されることがあります。

「マラソンを走っているときって、そんなに楽しいのですか?」

私の答えは……「楽しくないです、つらいですよ」というもの。

足は痛くなる、息は苦しくなる……どれだけ走り込んでいても、レース中は、それはそれは大変なものです。「ああ、楽しいなあ」などと感じることはできません。

「完走」という目標を達成することを考えれば楽しめるのか……といえば、そうでもありません。苦しいものは、苦しいのです。

では、なぜ何度もマラソンに挑むのか?

レースの中で自ら設定したサブゴールをクリアした際の達成感、自己効力感を味わうこと、その積み重ねによって最終ゴールに至ること、そして、レース後に仲間と美味いビールを飲むことが「動機付け」となっているからです。

「走るのが楽しい」のではなく、苦しさから派生する「ごほうび」が目当て、と言ってもいいでしょう。

⇩「社員を大切にする」とは?

仕事も同様でしょう。

日常の業務そのものに楽しみを感じることは難しいものです。さまざまな困難があり、それは楽しみや喜びに変わるものではなく、あくまでも困難に変わりはありません。

しかし、業務＝行動を積み重ねることに対して、何かしらかの「結果」が待っているのならば、つらい業務も続けていくことができるのです。

その「結果」が、現場レベルではマネジャーからの評価であり、会社レベルではマニュアル、チェックシート、トータル・リワード、企業フィロソフィーの落とし込みといった「仕組み」なわけです。

これからの時代、「社員を大切にする企業」が生き残っていくことは明白です。

しかし、それは「社員を楽しませよう」「社員にやさしくしよう」ということとは違います。


仕事は楽しいか？　楽しくはないでしょう。

でもそこに、行動の積み重ねによって得られる「結果」があるならば、会社に「結果」を得られる「仕組み」があるならば、誰もが自発的に、結果に結びつく行動を繰り返していくはずです。

その一人ひとりの行動の果てに、会社は「絶対に目標を達成する」ことができるのです。

おわりに

最後までお読みいただき、ありがとうございます。

この本でお話しした仕組み作りは、経営者・マネジャーであるあなたが実際に、具体的な行動として動き出さなければ、何の意味もないただの一アイディアです。

書籍を読んでも、セミナーに参加しても、ただそれだけ……「ふーん、そんな考え方もあるんだね」「いい話を聞いたな」で終わってしまう人がよくいます。

それはじつにもったいないことです。

どんなに素晴らしいスキル、メソッドを知っていても、知っているだけでは意味がありません。

ここまでお読みいただいたあなたは、その「続け方」「定着のさせ方」もわかっているはず……。

そしてそれは、決して費用のかかるものではありません。

もしこの本を読んで、少しでも会社の将来に対する危機感を覚えたなら、また、行動科学マネジメントによる目標達成の仕組み作りに少しでも可能性を感じていただけたなら、ぜひ明日から、実際に行動してみてください。

あなた自身が具体的な行動の分解をし、サブゴールを設け、自身の行動をチェックして、自身に〝ごほうび〟を与えてください。

そして、経営者、マネジャーであるあなた自身に、「達成感」と「自己効力感」を味わっていただきたいのです。

「はじめに」でお話ししたように、経営者の仕事は、とても大変なものです。

社員のことを思いやっても、彼ら彼女らの幸せを願っても、またあなたがどんなに素晴らしい企業理念を持っていても、社員が思うように動いてくれない……あなたと一緒に目標達成に向かって走り出してくれない……。

しかし、そこに「仕組み」があれば、あなたの思いは社内に定着し、社員は自発的に行動を繰り返します。

そして、社員の行動によって会社の目標を達成したとき、経営者、マネジャーであるあなたは、大きな達成感と自己効力感を味わうことができるでしょう。

「目標達成できたぞ！」

「うちの会社は、やればできるんだ！」

この喜びこそが、経営者、マネジャーの醍醐味です。

この喜びに、会社の規模の大小は関係ありません。

経営者は大変。

でも、大変なだけではなく、仕組み作りの果てに、大きな喜びが待っているということを忘れないでください。

〔著者紹介〕

石田　淳（いしだ　じゅん）

行動科学マネジメント研究所所長、株式会社ウィルPMインターナショナル代表取締役社長兼最高経営責任者

日本の行動科学マネジメントにおける第一人者。精神論とは一切関係なく、行動に焦点をあてる科学的で実用的な手法は、短期間で組織の８割の「できない人」を「できる人」に変えると評判で、企業経営者などから絶大な支持を集める。本書のベースとなるセミナー「社長・管理職のための行動科学マスタリーコース」も 仕事の仕組み化を目指す企業トップで毎回満席となる。

『すごい「実行力」』（三笠書房）、『「続ける」技術』（フォレスト出版）、『短期間で組織が変わる行動科学マネジメント』（ダイヤモンド社）等、数多くの著書がベストセラーに。『教える技術』『図解教える技術』（いずれも、かんき出版）は10万部を突破。テレビ、雑誌、新聞からも多く取材を受けている。

会社の目標を絶対に達成する「仕組み」の作り方（検印省略）

2015年１月31日　第１刷発行

著　者　石田　淳（いしだ　じゅん）
発行者　川金　正法

発行所　株式会社KADOKAWA
〒102-8177　東京都千代田区富士見2-13-3
03-5216-8506（営業）
http://www.kadokawa.co.jp

編　集　中経出版
〒102-0071　東京都千代田区富士見1-8-19
03-3262-2124（編集）
http://www.chukei.co.jp

落丁・乱丁本はご面倒でも、下記KADOKAWA読者係にお送りください。

送料は小社負担でお取り替えいたします。

古書店で購入したものについては、お取り替えできません。

電話049-259-1100（9：00～17：00／土日、祝日、年末年始を除く）

〒354-0041　埼玉県入間郡三芳町藤久保550-1

DTP／ニッタプリントサービス　印刷／加藤文明社　製本／三森製本所

ISBN978-4-04-600582-3　C2034